Angelina JOLIE

**Catalogage avant publication de Bibliothèque et
Archives nationales du Québec et Bibliothèque et Archives Canada**

Tracy, Kathleen

Angelina Jolie, la femme planétaire

Traduction de: Angelina Jolie.

ISBN 978-2-89585-083-0

1. Jolie, Angelina, 1975- . 2. Acteurs de cinéma - États-Unis - Biographies.
I. Titre.

PN2287.J64T7214 2010   791.4302'8092   C2010-940119-0

© 2010 Les Éditeurs réunis (LÉR)
pour la mise à jour et la traduction française.

Photos (autorisations de reproduction) :
Couverture : Efloch, http://creativecommons.org/licenses/by-sa/3.0
Cahier photos : 7, 9, http://creativecommons.org/licenses/by-sa/3.0
1, 2, 3, 5, 6, 8, http://creativecommons.org/licenses/by-sa/2.0

Les Éditeurs réunis bénéficient du soutien financier de la SODEC
et du Programme de crédit d'impôt du gouvernement du Québec.

Nous remercions le Conseil des Arts du Canada
de l'aide accordée à notre programme de publication.

Édition :
LES ÉDITEURS RÉUNIS
www.leslediteursreunis.com

Distribution au Canada :   *Distribution en Europe :*
PROLOGUE   DNM
www.prologue.ca   www.librairieduquebec.fr

Imprimé au Québec (Canada)

Dépôt légal : 2010
Bibliothèque et Archives nationales du Québec
Bibliothèque nationale du Canada

KATHLEEN TRACY

Angelina JOLIE

La femme planétaire

Traduit de l'américain par Jean-Louis Morgan

LER

LES ÉDITEURS RÉUNIS

CHAPITRE 1

UNE QUESTION D'HÉRÉDITÉ

Faire du cinéma a souvent été une tradition familiale à Hollywood – que ce soit Dorothy et Lilian Gish à l'époque du cinéma muet, les Marx Brothers, ou les comédiens de père en fils de notre époque comme Martin et Charlie Sheen et Goldie Hawn et Kate Hudson. Il est un fait qu'appartenir au monde du spectacle paraît se transmettre de façon héréditaire. Et pourtant, ce n'est pas parce que l'on appartient à une famille d'acteurs connus que l'on est promis à une carrière qui nous amène facilement et inévitablement à l'écran. Rien de cela n'est plus vrai en ce qui concerne Angelina Jolie, une actrice qui a remporté de nombreux Oscars. Bien qu'elle et son père, l'acteur Jon Voight, qui a également remporté de nombreux Oscars, soient une des familles d'acteurs ayant le mieux réussi à Hollywood à l'heure actuelle, leurs relations et les conséquences de ces dernières ont certainement compliqué la carrière d'Angelina.

8

Il arrive souvent que les enfants rejettent les valeurs de leurs parents ; cependant, ils partagent, en général, les mêmes ambitions qui ont engendré ce rejet des mêmes valeurs en tout premier lieu. En fin de compte, il s'agit peut-être simplement d'une pomme qui ne serait pas tombée aussi loin de l'arbre qu'elle l'aurait voulu, ou peut-être qu'indépendamment de notre volonté, sommes-nous encore victimes de nos liens héréditaires.

La carrière de Voight a dû influencer considérablement Angelina. Il l'a orientée avec un seul but en tête, et cela, dès son plus jeune âge, alors qu'il grandissait à New York dans le quartier de Yonkers. Son père, Elmer, était un golfeur professionnel et sa mère, Barbara, une femme au foyer. Voight se souvient de son père comme étant quelqu'un de merveilleux ayant des principes bien ancrés. « Il ne tolérait pas la malhonnêteté, n'aimait pas les menteurs et ne supportait pas les idiots. Tout le monde l'aimait », se souvenait Jon[1].

Bien que Voight ait eu du talent en tant qu'athlète ou artiste, il n'aspirait qu'à devenir un acteur. C'est ainsi qu'après avoir obtenu son diplôme de fin d'études de l'Université catholique de Washington, il a fait un pèlerinage à New York où il a entrepris des cours de théâtre et a commencé à obtenir de maigres contrats comme acteur. Il devait souvent emprunter de l'argent à son père malgré le fait qu'il faisait toutes sortes de petits boulots. Il rapporte, toutefois, que son père l'avait continuellement encouragé et qu'il s'était montré très compréhensif, « chose qu'il sait maintenant être difficile, dans un certain sens, pour un père. En effet, vous ne savez jamais si un enfant connaîtra le succès[2] », dit-il.

Jon a connu une longue période de tristesse et de perte lorsque son père a été renversé par une voiture et tué en 1964. Toutefois, il savait que ce dernier aurait désiré qu'il persévère dans ce qu'il avait entrepris. C'est pourquoi il a continué à passer des auditions et à accepter les rôles qu'on lui offrait plutôt que de faire ses valises et de retourner à la maison. Et c'est finalement en 1967 qu'il a percé.

Le rôle qui l'a fait connaître était celui de Joe Buck dans *Midnight Cowboy*, l'histoire d'un prostitué naïf dont la relation homosexuelle et érotique avec son partenaire et souteneur lui a valu la première qualification de film X ainsi qu'un Oscar pour le meilleur film. Le succès remporté par le film lui a donné le coup de pouce dont il avait besoin – une porte d'entrée chez les directeurs de production. La réussite professionnelle de Voight a malheureusement coïncidé avec la fin de son mariage avec l'actrice Laurie Peters, dont il a divorcé en 1967. Voight a déménagé à Los Angeles pour poursuivre sa carrière au cinéma et a obtenu une série de rôles dans des films à succès, dont *Deliverance (Délivrance)*, *The Odessa File (Le dossier Odessa)* et *Catch 22*. Il s'est également remarié – cette fois-ci avec la jeune actrice québécoise Marcheline Bertrand, âgée de 20 ans.

Marcheline a mis au monde un fils en 1973, James Haven, et, deux ans plus tard, le 4 juin 1975, une fille qui a reçu le prénom d'Angelina Jolie. Les deuxièmes prénoms des enfants ont été choisis intentionnellement. Marcheline et Jon avaient prévu le jour où leurs enfants pourraient choisir une carrière dans le monde du spectacle sans vouloir utiliser leur nom de famille.

10

Marcheline a renoncé à sa carrière d'actrice à la naissance d'Angelina tandis que Jon a été de plus en plus absorbé par la sienne. Il a concentré toute son énergie sur sa carrière d'acteur, ce qui ne lui laissait que très peu de temps pour sa famille. Jon et Marcheline se sont séparés quand Angelina était encore toute petite. Angelina dit de son père qu'il est le parfait exemple de l'artiste qui ne peut rester marié. Elle a avancé l'hypothèse qu'il avait peur de posséder ce que d'autres qualifieraient de famille parfaite[3].

Marcheline, alors âgée de vingt-cinq ans, se retrouvait donc mère célibataire avec deux jeunes enfants à élever. Elle prit la décision de déménager avec ses enfants à Snedens Landing, une charmante communauté située le long de la rivière Hudson dans l'État de New York.

Un an après sa séparation de Marcheline Bertrand, Voight a remporté l'Oscar du meilleur acteur pour son interprétation d'un vétéran du Vietnam paralysé dans le film *Coming Home (Le retour)*. Bien qu'il ait remporté un Oscar, Jon Voight allait connaître des vaches maigres dans sa carrière d'acteur, d'autant plus maigres que l'argent paraissait lui filer entre les doigts. Il dépensait tout ce qu'il gagnait, ce qui explique la raison pour laquelle il n'a jamais acheté de maison et pourquoi il s'est séparé. Marcheline et les enfants avaient vécu dans ce que les riverains appelaient « les taudis » de Beverly Hills – des quartiers d'immeubles qui se trouvaient à proximité des demeures extravagantes aux pelouses bien entretenues.

« Mon père éprouvait un certain malaise en ce qui concerne la réussite, explique Angelina. Sa théorie ressemblait un peu à : "Il est génial de se passer de… de donner tout ce que l'on a." Vous savez, pour lui, avoir de l'argent signifiait peut-être que vous étiez quelqu'un de mauvais ou quelque chose du genre[4]... »

En y repensant, Voight a déclaré qu'il y avait chez Angelina enfant des indications de la personne qu'elle serait plus tard. « Chaque parent connaît cet aspect mystérieux de leurs enfants avant qu'ils ne soient programmés pour nous rendre la vie plus facile », a-t-il déclaré. Il a ajouté que sa fille, qu'il surnomme parfois « Jellybean », était un bébé très éveillé, « une machine à paroles avant même que de savoir parler[5] ! »

Bien qu'il pense que lui et Angelina partagent une nature réfléchie et philosophe, Voight reconnaît qu'elle a toujours été farouchement indépendante. « Quand elle était bébé, elle ne vous laissait pas l'aider, même lorsqu'elle apprenait son alphabet. Elle disait : "Non ! Je le fais toute seule ! Je le fais toute seule !" se rappelle-t-il. Elle est comme cela[6]. » Angelina avait également de l'assurance et n'était pas gênée. Alors qu'elle était encore petite et qu'elle fréquentait le jardin d'enfants, elle et d'autres filles avaient formé une bande qu'elles avaient baptisée les Kissy Girls. Les petites filles couraient derrière les petits garçons pour les attraper et les embrasser, et ensuite les voir brailler. Angelina se souvient aussi qu'elle avait eu deux camarades qui étaient devenus ses petits amis et qu'elle pensait que l'école avait prévenu ses parents parce qu'ils avaient été surpris devant l'école en train de s'enlacer. Il est certain que ce fait ait pu être dérangeant pour ses parents ainsi que pour les passants[7].

12

Angelina était également une actrice née. Elle a fait ses débuts au cinéma à l'âge de sept ans dans un film dirigé par Hal Ashby, *Lookin' to Get Out*, film dans lequel jouait son père et auquel il avait participé à la rédaction du script. Angelina devait marcher dans ce film, tout comme sa mère qui avait été payée pour son rôle de « fille dans une jeep ». Bien que Voight et Ashby aient réussi quelque chose de magique dans le film *Coming Home (Le retour)*, ils n'ont pas eu de succès du tout avec *Lookin' to Get Out*. Les critiques ont été unanimes pour le descendre et il n'a remporté que 300 000 dollars au box-office alors qu'il en avait coûté plus de 17 millions. Toutefois, le seul bon côté de ce carnage cinématographique est le fait qu'Angelina ait adoré se trouver devant les caméras et que les caméras l'aimaient.

Cela n'a pas surpris son père qui avait toujours cru qu'elle était destinée à devenir une actrice – en partie parce qu'elle savait utiliser son côté dramatique et qu'elle était très créatrice. Angelina se souvient bien de l'excitation qu'elle ressentait dans son rôle d'actrice alors qu'elle n'était qu'une enfant. « J'ai découvert à l'âge de quatre ans qu'une partie de moi aimait faire rire mon entourage et que j'aimais porter des sous-vêtements brillants. Et pourquoi pas[8] ? ajoute-t-elle en blaguant. J'aimais me déguiser. Je possédais l'une de ces petites choses pour meneuse de revues, une robe à volants en velours noir avec du strass sur les fesses, et j'adorais mettre des chaussures à talons hauts en plastique. Il existe une photo de moi qui a été prise lors de mon cinquième anniversaire : je m'étais fait friser les cheveux et portais du rouge à lèvres, résolument très féminin », dit-elle en riant[9].

Lors d'une entrevue dirigée par son père et qu'elle avait accordée au magazine *Interview*, Angelina devait dire : « Mon Dieu, parmi mes plus anciens souvenirs, je vois mon frère, la caméra vidéo à la main dirigée sur moi me disant : "Vas-y Angie, fais-nous un spectacle." Ni toi ni maman ne m'avez jamais dit : "Sois tranquille ! Cesse de parler !" Je me rappelle que vous me regardiez droit dans les yeux et que vous me demandiez : "À quoi penses-tu ? Que ressens-tu ?" C'est exactement ce que je fais à l'heure actuelle dans ma carrière. Je me dis : "O.K., comment je me sens face à cela ?" Et j'ai la réponse immédiatement parce que j'ai toujours fait ce métier depuis mon enfance[10]. »

Lorsqu'elle pense à son enfance en adoptant le point de vue d'un parent, elle explique : « Les artistes élèvent leurs enfants de manière différente. Nous communiquons avec eux jusqu'à en être ennuyeux. Nous possédons des œuvres d'art un peu partout dans nos maisons, sommes friands de livres, allons voir des pièces de théâtre, parlons beaucoup. Nos centres d'intérêt sont les arts, la peinture, les costumes et le chant. C'est ce que nous aimons. C'est pourquoi je pense que les artistes élèvent d'autres artistes[11]. »

Malgré le fait qu'Angelina ait son destin tout tracé dans le monde artistique, elle allait le faire à sa manière avec son propre style. Angelina a eu un tempérament non conformiste pendant son adolescence. Elle s'est teint les cheveux en bleu et ne portait que des vestes parsemées de clous pour afficher son individualité. « Lorsque nous avons quitté New York, j'avais une réelle passion pour les vêtements en cuir. Je portais des vestes en cuir ayant de grosses fermetures éclair ou des colliers à clous et je demandais si je pouvais aller à l'école avec des vêtements ainsi cloutés[12]. »

14

Elle avait également un petit côté sombre. Elle a même joué avec l'idée de devenir une directrice de pompes funèbres. Elle a déclaré, lors d'une entrevue donnée au magazine *People* en 1996 : « Il existe quelque chose d'apaisant dans la mort. La simple idée qu'il est possible que l'on meure le lendemain vous donne la liberté d'apprécier le présent[13]. » Elle n'estime pas que cette idée ait quoi que se soit de morbide – tout au contraire. « Je suis sans doute la personne la moins morbide sur terre. J'ai sans doute découvert que c'est parce que j'aime la vie plus que la moyenne des gens que je pense plus à la mort qu'eux[14]. »

Un des souvenirs d'enfance les plus marquants d'Angelina est le jour où sa mère l'a mise en contact avec des couteaux pour la première fois. « Je suis allée à la Renaissance Fair avec ma mère lorsque je n'étais qu'une petite fille et on y retrouvait toutes sortes de couteaux, allait-elle raconter à l'animateur Conan O'Brien, par la suite, lors d'une entrevue télévisée. Ils sont un témoignage de l'histoire et sont entourés d'une auréole de traditions et de beauté. Divers pays produisent des armes et des lames différentes et j'éprouve une réelle fascination pour eux. C'est ainsi que j'ai commencé à collectionner les couteaux. J'ai commencé à collectionner les armes alors que je n'étais qu'une petite fille[15]. »

Pour témoigner qu'elle fonctionnait également dans la voie de l'érotisme, Angelina reconnaît que ses premiers fantasmes sexuels étaient dirigés vers le héros de *Star Trek*, Mr. Spock. « Je pense que de nombreuses femmes sont d'accord avec moi en ce qui concerne Mr. Spock parce qu'il est réservé et que lorsqu'on le voit l'image qu'il projette est : "Vous ne pouvez pas m'atteindre, vous ne pouvez pas me toucher." Il devient donc un défi, vous savez ? Et vous ne pouvez pas vous empêcher de penser, "Oh ! Je l'aurai". Il doit y avoir quelque chose de bien spécial caché derrière ces oreilles et ces cheveux, et c'est certain, dit-elle en riant, c'est un peu pervers[16]. » Outre Spock, Angelina était également intriguée par Vlad l'Empaleur – le cruel potentat roumain dont la vie a inspiré le personnage de Dracula.

Marcheline a redéménagé à Los Angeles lorsqu'Angelina a atteint l'âge de onze ans afin de faciliter les relations entre Voight et ses enfants.

Lors des fins de semaine qu'Angelina et son père passaient ensemble, ils allaient à la plage et rattrapaient le temps perdu. Il lui disait qu'il n'existait pas de meilleure critique qu'elle. Il discutait avec elle des projets de films qui s'offraient à lui et lui demandait son avis. Il refusait les rôles qui ne recevaient pas son approbation. Angelina savait qu'elle aimait s'exprimer de façon créative, mais ne savait vers quelle carrière elle devait s'orienter. Elle s'imaginait devenir peintre ou écrivain à certains moments. Voight, quant à lui, semblait vouloir qu'elle se dirige vers une carrière d'actrice.

Le divorce semble avoir eu un effet important sur Angelina et James malgré les efforts que faisait Voight pour maintenir une bonne relation avec eux. Du fait que Voight et Angelina possédaient de nombreux traits de caractère en commun, ils se sont souvent confrontés pendant son adolescence. « Il n'agissait pas comme un père, devait-elle expliquer. C'est cet homme-là que j'ai connu. Il était très compliqué ; il voulait bien faire et je l'ai toujours aimé. Cependant, nous nous sommes beaucoup confrontés parce

16

que nous estimions tous les deux que nous avions raison sur tout. Chaque chose devenait objet de discussion. J'adorais toutefois cela. C'est pourquoi j'ai pris l'habitude de remettre tout en question. Il n'était cependant guère présent ; c'est ainsi que je suis devenue forte pour aider ma mère[17]. »

De plus, Angelina a dû lutter contre les attentes qu'elle suscitait du fait que son père était célèbre. Lorsque vous grandissez au pays des demeures au luxe insensé et que votre père est un acteur qui a remporté de nombreux Oscars, les gens font des suppositions. « Tout le monde pensait que j'étais riche, relate Angelina. Je devais expliquer à mes professeurs que je ne pouvais refaire un examen parce que je ne possédais pas d'ordinateur. Et je me rappelle très bien de la réponse de mon prof : "Dis à ton père qu'il t'en achète un[18]." »

Tandis que ses camarades de classe de l'école de Beverly Hills dépensaient leur argent de poche dans des boutiques de Rodeo Drive, Angelina achetait ses vêtements dans des friperies ainsi que dans des boutiques de quartiers pauvres comme Melrose. Voight ne nie pas ne pas avoir subvenu de la meilleure manière aux besoins de ses enfants. « J'ai vécu quelques drames », admet-il. Cependant, il estime que ces expériences ont eu leur utilité. « Lorsque j'y repense, ces moments de ma vie ont eu leur utilité, car ils m'ont beaucoup enseigné. Et peut-être ont-ils aussi enseigné à mes enfants certaines choses. Ils m'ont vu lutter contre différentes choses, et toutes les difficultés que je rencontrais, lorsque je les partageais avec eux, devenaient des leçons. C'est ainsi qu'ils ont pu remarquer que telle chose s'était produite et que j'avais résolu le problème de telle façon. De plus, cela ne leur cause aucun tort de connaître mes faiblesses tout comme mes points forts[19]. »

Angelina allait devenir philosophe devant les faiblesses de son père, même si ces dernières lui avaient causé un certain embarras. D'autre part, elle reconnaît que ni elle ni son frère n'ont jamais manqué de quoi que ce soit et que leur père passait le peu de temps libre dont il disposait en leur compagnie.

En dehors des problèmes financiers, Angelina admet que le seul vrai problème a été le fait que son père ait quitté sa mère alors qu'elle et son frère étaient encore si jeunes. Toutefois, elle s'est battue contre les personnes qui présumaient qu'elle devait abriter des sentiments négatifs inconscients contre son renommé père. Elle se souvient être allée chez une thérapeute pour obtenir des crédits supplémentaires à l'école secondaire. « Cela faisait partie d'un programme d'études sur la vie, la psychologie. Je m'y suis donc rendue. J'ai alors réalisé à quel point ces personnes peuvent être dangereuses, a-t-elle expliqué. Cette personne n'arrêtait pas de parler des sentiments que je pouvais avoir pour mon père. Je lui déclarais pourtant : "Je ne suis pas fâchée contre lui. Je comprends ce qui s'est passé. J'estime que mes deux parents sont des individus fantastiques." Elle ne pouvait pas croire que je n'avais pas de problèmes à cause d'eux. » Il est arrivé un jour, au cours de la thérapie, qu'Angelina invente qu'elle avait rêvé de son père et que ce dernier la poignardait avec une fourchette. Elle se souvient que sa psychologue avait dit : « Ah ! Je vois… » Angelina a alors pensé : « Pauvre conne[20] ! » Cet événement a clos la thérapie.

18

Les relations d'Angelina et de son père se jouaient devant le grand public, cela n'empêchait pas sa mère de l'avoir énormément influencée pendant les années où elle était en formation. Marcheline, en compagnie de ses enfants, faisait souvent la navette entre New York et Los Angeles. Mais la côte ouest était le lieu où elle était chez elle et il s'est agi du lieu où Angelina allait commencer à voler de ses propres ailes.

Elle a commencé à être mannequin à l'âge de quatorze ans. Sa silhouette dégingandée et exotique l'aidait à être totalement naturelle devant les caméras. Marcheline était constamment derrière sa fille pour la conseiller et la guider au cours des séances de photographies. Elle est également devenue la gérante d'Angelina et s'assurait que cette dernière, à qui elle avait donné le surnom de Bunny, soit bien traitée par les agents et les photographes avec lesquels elle entrait en contact.

Angelina a quitté la résidence familiale à l'âge de seize ans pour s'installer dans un petit studio à proximité. Intelligente et réfléchie comme toujours, elle avait obtenu son diplôme de secondaire avec un an et demi d'avance, ce qui lui permettait de poursuivre n'importe quelle carrière.

Que ce soit à cause de l'influence que son père a eue sur elle ou parce qu'elle avait été destinée depuis toujours à poursuivre une carrière d'actrice, elle a commencé à étudier et à se former au très sélect et renommé Lee Strasberg Theatre Institute. « Je ne savais pas exactement ce que je voulais faire, mais je savais que je ne connaissais pas d'autre moyen de m'exprimer, a-t-elle affirmé. Ma façon à moi d'expliquer les choses aux individus est de le faire grâce aux émotions ; de les écouter et de sentir les choses. C'est cela être un acteur et c'est pourquoi je devais le faire[21]. »

Un des premiers ateliers auxquels elle a participé était tiré de *Room Service*, le film des Marx Brothers. Elle a fait une audition pour obtenir le rôle de la femme dominatrice allemande. « J'ai estimé que je devais jouer le rôle de la dominatrice, a-t-elle dit. Mon père est venu voir la pièce de théâtre pour se faire une idée de ma qualité de future actrice et pour voir les choix que j'allais faire. Et, au lieu de me regarder dans le rôle d'une gentille petite fille ou une femme sexy qui vient de l'extérieur et qui habite à l'hôtel, je suis devenue une personne dominante au caractère très fort dont tout le monde se moquait. C'est alors qu'il a réalisé la situation et s'est dit : "Elle a en commun avec moi un certain sens du bizarre[22]". »

Cependant, Angelina n'a pas persévéré dans son choix d'une profession et a reculé. Elle a arrêté de jouer pour profiter de son adolescence et ne rien faire. Elle rendait quand même visite à son père tous les dimanches pendant cette période et, ensemble, ils lisaient des pièces de théâtre. Malgré le fait qu'il ait été persuadé que le destin d'Angelina serait d'être une actrice, l'idée même qu'elle pourrait choisir la vie sur un plateau a fait en sorte qu'il prenne une pause toute paternelle. « Il ne voulait pas me pousser à faire quelque chose à moins que je ne le désire vraiment, a expliqué Angelina. Il se montrait inquiet que je choisisse cette voie uniquement parce que j'avais grandi avec cela et que je pensais que cela se passerait facilement. Il savait exactement quel serait le genre de vie que je devrais affronter et espérait que je posséderais les ressources nécessaires pour y faire face. Il voulait que je règle moi-même la question et que je fasse mes propres preuves[23]. »

Avant de commencer sa carrière au grand écran, Angelina a tenu des rôles dans des clips musicaux pour Lenny Kravitz et Meatloaf. Elle allait aux auditions et aux prises de vue dans le camion Ford qu'elle avait acheté avec l'argent qu'elle avait gagné en tant que mannequin. Elle a également apparu dans cinq films que son frère a réalisés lorsqu'il terminait ses études de cinéma à l'Université de Southern California. En plus du fait qu'elle prisait l'expérience que lui procurait ce genre de travail, elle aimait se trouver en compagnie de son frère qui était aussi conservateur qu'elle pouvait être de nature extravagante. À ses yeux, il n'était pas seulement le meilleur ami avec lequel elle pouvait parler de tout, il était aussi d'une extrême gentillesse.

Angelina appréciait les personnes qui faisaient preuve d'originalité dans leurs actions et exigeait la même chose de sa personne. C'est pour cette raison qu'elle a passé plusieurs heures à prendre des cours de danse sociale après avoir assisté à plusieurs spectacles de musique punk.

Elle tenait également à se distancer de la perception que l'on pouvait avoir d'elle comme étant quelqu'un faisant partie du cercle d'initiés d'Hollywood. Dans son esprit, son père n'en faisait lui-même pas partie. Alors qu'elle commençait sa carrière d'actrice, à la fin de son adolescence et au début de la vingtaine, Voight, quant à lui, se trouvait dans une période de sa carrière où il n'avait pas de rôles. Bien qu'il ait été respecté en tant qu'acteur, il n'était pas invité aux premières importantes. Encore là, Angelina se montrait très susceptible au fait qu'on puisse l'accuser de profiter du nom que portait son père. Très tôt, elle a pris la décision d'abandonner le nom de Voight, ce qui prouve que sous cet aspect, Jon et Marcheline avaient été particulièrement prévoyants. « Je suis la fille de mon père et de ma mère, et je suis également une personne indépendante, a déclaré Angelina. Dès le commencement, je n'ai pas eu envie d'entrer dans une pièce pour y être automatiquement comparé à lui ou que l'on me permettait d'y être parce que j'étais sa fille[24]. »

Elle ne désirait pas plus être engagée à cause de son nom. « Je n'ai pas honte de mes origines. Je suis très fière de mon père et du travail qu'il a entrepris. Cependant, je ne veux pas que quiconque s'attende à ce que je sois comme lui[25]. »

Il n'y avait pas lieu de s'inquiéter. Peu de personnes allaient la comparer à son père dès qu'elle a conquis le grand écran. Il était évident, dès ses débuts, qu'elle allait être unique, que ce soit au niveau professionnel ou personnel.

CHAPITRE 2

LES LEÇONS DE LA VIE

Au sortir de l'adolescence, Angelina se mit à avoir un charme exotique qui défiait les canons de la beauté classique tels que définis par Hollywood. Sa silhouette était mince, avec des membres presque grêles, ce qui ne l'empêchait pas d'être bien en chair avec une tête paraissant juste un petit peu trop grande pour ses épaules. Son visage, cependant, grâce à ses lèvres charnues et à son sourire éclatant faisait d'elle la coqueluche des photographes. En dépit de tout cela, Angelina disait d'elle qu'elle avait toujours senti que son corps ressemblait à celui d'une *muppet*. La partie de son corps qu'elle préférait était également atypique pour une starlette – elle aimait ses avant-bras à cause du dessin de ses veines.

Les appareils des photographes ne s'attardaient que très rarement sur la fine cicatrice qui traversait son menton. Angelina a raconté que cette mini-balafre était le résultat d'une expérience avec un couteau qu'elle avait faite en compagnie de son petit ami de l'époque. Ce ne serait pas la dernière fois qu'elle garderait une cicatrice d'une expérience aussi peu commune[26]. »

Angelina a été engagée pour son premier rôle adulte au cinéma à l'âge de dix-huit ans. Il s'agissait d'un film de science-fiction à suspense, *Cyborg 2 : The Glass Shadow* (*Glass Shadow*). L'action se déroule en 2074. Des cyborgs androgynes ont remplacé les humains à tous les niveaux de la société. L'intrigue se situe à l'intérieur de la société Pinwheel Robotics, une entreprise sans scrupules ayant inventé un engin explosif nommé Glass Shadow. L'explosif peut être injecté dans les cyborgs qui peuvent ensuite être utilisés comme des assassins involontaires. Lors de la première scène du film, on aperçoit les directeurs de la Pinwheel en train de visionner un film où l'un de leurs assassins est à l'œuvre. Un superbe androïde fait l'amour avec la victime qui ne se doute de rien. Elle explose au moment où elle atteint l'orgasme, faisant ainsi exploser sa cible, ce qui présente sous un nouvel angle ce qu'on appelle couramment un *flagrant délit* (en latin *flagrante delicto* veut dire *pendant que [le crime] est commis,* mais, avec le temps, signifie se faire prendre pendant un acte sexuel). Les dirigeants diaboliques de Pinwheel croient avoir trouvé, grâce à Glass Shadow, l'explosif qui leur permettra de diriger le monde – ou tout au moins de détruire leur principal compétiteur.

La corporation est prête à exécuter son plan principal et choisit le personnage de Cash Reese, interprété par Angelina Jolie, pour agir comme leur assassin désigné et inconscient du rôle qui lui a été attribué. Au début de l'action, Cash Reese n'est absolument pas consciente qu'un liquide mortel court dans ses veines de cyborg, cependant, lorsqu'elle découvre le sort qui lui est possiblement réservé, elle demande à un instructeur en arts martiaux de l'aider. Ensemble, ils se dirigent vers une zone « libre » où Glass Shadow a perdu toute efficacité et, comme le dit le conte : « Ils furent heureux et eurent beaucoup d'enfants. »

Le film *Glass Shadow*, tout comme le premier film *Cyborg*, dont Jean-Claude Van Damme était la star et qui faisait état d'histoires post-apocalyptiques de guerres de gangs démoniaques, a été dénigré par les critiques.

Angelina n'a pas eu à subir les foudres des critiques pour le film suivant auquel elle a participé – uniquement parce que le film n'a jamais atteint le grand public. Le film de 1995, *Without Evidence*, était en fait une extension de la série américaine *America's Most Wanted* – un essai cinématographique réalisé avec le but de découvrir des renseignements concernant l'assassinat de Michael Francke, le directeur des services pénitentiaires de l'Oregon qui avait été poignardé à mort à l'extérieur des bureaux de direction des services pénitentiaires à Salem en Oregon, le 17 janvier 1989. Il existait une rumeur, au moment du crime, laissant entendre que Francke allait faire des révélations au sujet de la corruption qui existait au sein du système pénitentiaire. Ce film, dont Gill Dennis et l'éditorialiste du journal *The Oregonian*, Phil Stanford, étaient les scénaristes, voulait prouver que la mort de Francke faisait partie d'une conspiration politique et qu'un innocent avait été emprisonné pour le crime.

Les autorités avaient arrêté Frank Gable, un revendeur de drogues, qui avait déjà été condamné et qui était accusé d'avoir poignardé Francke en plein cœur au moment où il essayait de forcer la porte de la voiture de ce dernier. Gable a été condamné à la prison à vie sans possibilité de remise de peine. Il a toujours proclamé son innocence et a déclaré que le vrai coupable était un homme décédé quelques années avant. Son procès a été porté en appel en mai 2008 et il a réclamé que l'on procède à des tests d'ADN pour prouver son innocence.

Bien que ces deux premiers films n'aient pas laissé d'impression favorable aux yeux des critiques et des cinéphiles, ils ont eu le bénéfice de montrer qu'Angelina était prête à accomplir les projets qui lui étaient demandés en sortant des sentiers battus ainsi que sa capacité à s'immerger totalement dans le rôle assigné, peu importe la stupidité du script ou le peu d'importance du film. Lors du film suivant, elle n'allait pas seulement entrer dans la peau de son personnage, elle allait également entrer dans la peau de son partenaire, Jonny Lee Miller.

Hackers (1995) a été l'un des tout premiers films à traiter de la fascination mondiale grandissante pour Internet. Ce film relate l'histoire d'un groupe d'adolescents passionnés par les ordinateurs qui découvrent le plan d'un crime par Internet susceptible de rapporter 25 millions de dollars. Le « roi » et la « reine » de ces petits génies informatiques sont des nouveaux venus dans l'école : Dade (Miller) et Kate (Angelina). Ils sont aussi connus sous leurs noms de code sur Internet, « Zero Cool » et « Acid Burn ». Dade fait preuve d'une confiance à toute épreuve pour un jeune et réussit à pénétrer dans plus d'un millier de systèmes informatiques, y compris celui de Wall Street. Bien qu'il se soit fait prendre et qu'il ait reçu l'ordre de ne plus approcher un ordinateur jusqu'à l'âge de dix-huit ans, il découvre par hasard un virus informatique d'une puissance sans précédent. Ce virus a été créé par un méchant maître pirate informatique qui se fait nommer *The Plague* – La Peste – et qui travaille en sécurité informatique pour une importante société pétrolière. Ce virus provoquera un chaos informatique mondial en peu de jours si une rançon n'est pas payée à *The Plague*. Lorsque ce malfaisant découvre que son plan a été mis à jour, il essaye de monter un coup contre Dade. Ce qui suit est prévisible, toutefois cela est présenté de façon superficielle avec forces graphiques informatiques pour ajouter de la couleur et de l'intérêt pseudo-techniques.

Ironiquement parlant, Miller tout comme Angelina ont avoué ne rien connaître aux ordinateurs. Angelina semblait particulièrement fière de son ignorance à ce propos. Lors d'un banquet-conférence organisé pour la promotion du film, elle a même annoncé qu'elle détestait les ordinateurs. Elle a également avoué qu'ils lui faisaient peur et qu'elle redoutait toujours qu'ils ne se brisent. Miller a confessé qu'il ne possédait pas d'ordinateur et a expliqué que même s'il appréciait la place qu'ils avaient prise dans la société, il ne ressentait pas le besoin de clavarder en ligne ou de surfer sur Internet pour trouver des renseignements

En fait, l'ingéniosité subversive des pirates informatiques, tout comme le rôle qu'ils se donnaient de défenseurs de la démocratie, était ce qui intriguait Angelina et Miller. Cependant, au contraire des personnages insignifiants tels qu'on les retrouve dans le film, Angelina soutient que les pirates informatiques sont en réalité des individus tout à fait amicaux. «Vous pouvez les qualifier de dingues de l'ordi, mais ce sont de bons dingues. Il existe tellement de

28

personnes qui restent assises devant leurs ordinateurs de neuf heures du matin à cinq heures du soir parce que cela fait partie de leur travail. Ces types-là le font parce qu'ils aiment cela », a déclaré Angelina à l'époque. Miller est de son avis et a ajouté que le piratage électronique est plus le fait de découvrir des informations cachées que de commettre des vols. Miller a même déclaré que si les pirates informatiques n'existaient pas, le monde serait à la merci des grandes corporations[27].

Angelina a également estimé que ce film était intéressant parce qu'il remettait en question la sagesse conventionnelle. « Je pense que le but des pirates informatiques est de remettre en question les frontières et les opinions, a-t-elle expliqué. Je pense que les pirates informatiques ne font pas que repousser les frontières de ce qui est masculin ou féminin. Ils repoussent les frontières des différentes races et des différents sexes. » Elle a bien aimé l'expérience, selon ses dires, car la culture des pirates informatiques permet aux individus de faire des expériences ainsi que d'en faire à leur tête[28]. »

Avant de commencer le tournage du film, le directeur de production de *Hackers*, Iain Softley, a donné un cours accéléré en informatique à Miller et à Angelina afin de s'assurer qu'ils ne simuleraient pas pendant les scènes où seraient impliqués des ordinateurs. Angelina s'est montrée fascinée malgré elle : « Bien que l'informatique ne m'intéresse pas vraiment, une partie de moi a vraiment aimé cela. C'est amusant d'appuyer sur une touche et de voir ce qui se passe – ou de voir tout disparaître[29]. »

Le script, en plus de l'obligation d'une certaine connaissance en informatique, exigeait de ses vedettes qu'ils passent beaucoup de temps sur des rollers. Faire du roller et traîner avec l'équipe du film figuraient parmi les moments favoris d'Angelina pendant le tournage. Les autres moments qu'elle aimait étaient les rencontres qu'elle a faites avec de vrais pirates informatiques. Bien qu'elle ait dit qu'elle ne comprenait pas tout le temps la signification du texte du scénario, elle a déclaré que l'expérience l'avait ravie au plus haut point[30].

Pour ajouter une certaine ironie informatique, le studio MGM/UA, qui distribuait le film, a été la proie de pirates informatiques quelques jours avant la sortie du film en salles. Jeff Moss, qui organise des conférences sur le piratage informatique, a révélé aux journalistes que les pirates informatiques qui avaient été engagés comme consultants pour le film ont réussi à faire passer des copies du synopsis du film à des amis grâce à Internet. Un groupe de pirates a estimé que le film ne leur rendait pas justice et ils se sont montrés tellement ennuyés qu'ils ont réussi à pirater le site de la MGM/UA pour y poster une annonce qualifiant le film de « piètre et de ringard ». Ils ont également manipulé les photographies des acteurs pour les remplacer par une photo de véritables pirates informatiques en train de boire de la bière.

Cette plaisanterie a fait les délices du studio qui a réalisé que la couverture journalistique provoquée par ce vandalisme cybernétique avait engendré bien plus de publicité que ce que le studio aurait pu débourser. Dans un communiqué à la presse, les directeurs du studio ont déclaré : « Nous n'approuvons pas le fait que notre site ait été

30

bidouillé, mais nous sommes très impressionnés par leur créativité et leur ingéniosité[31]. »

Toutefois, les critiques n'ont pas été particulièrement emballés par le film. Ryan Gilby, du journal *The Independant*, a fait le commentaire suivant : « Cette nouvelle aventure grotesque et bruyante qu'est le film *Hackers* […] ne peut pas se décider pour savoir si sa bande de petits génies informatiques revanchards n'est que la réunion de membres subversifs ou de simples voyeurs[32]. » Un critique a néanmoins été impressionné par deux personnages du film. Il s'agit de Harper Barnes, du *St. Louis Post Dispatch*, qui a remarqué que Jonny Lee Miller et Angelina Jolie « formaient un joli couple et que certaines des scènes où ils sont ensemble arrivent à transcender le synopsis totalement incroyable[33] ».

Il existait une raison pour laquelle Miller et Angelina pétillaient autant d'énergie sur l'écran. Ils sont tombés amoureux pendant le tournage du film. Miller semblait, au moins de façon superficielle, être parfaitement destiné à Angelina. Lui aussi venait d'une famille d'acteurs et comprenait très bien le désir de faire son propre nom. Il était également un esprit libre qui aimait aller au bout de ses limites. Leur histoire d'amour, bien que passionnée, allait être tumultueuse et ne devait pas fonctionner en fin de compte.

Bien que pratiquement personne n'ait pu s'en douter en l'écoutant parler dans le film *Hackers*, Jonathan Lee Miller était Britannique et avait grandi dans un quartier de la classe moyenne de Kingston, sur la Tamise. Son arrière-arrière-grand-père était un acteur de music-hall de l'époque d'Édouard VII et son grand-père un acteur renommé, Bernard Lee, connu par toute une génération de cinéphiles sous le nom de « M » dans les douze premiers films de James Bond. Jonny idolâtrait son grand-père qui avait la réputation d'être excentrique.

Le père de Jonny, Alan Miller, était un ancien acteur de théâtre qui a travaillé pour la BBC pendant vingt ans, et Jonny possède de bons souvenirs alors qu'il se trouvait dans les coulisses et qu'il regardait le filmage des pièces où jouait son père. Jonny a grandi avec l'idée de devenir un acteur. Il a eu son premier engagement à l'âge de dix ans dans une minisérie produite par la BBC, *Mansfield Park*. Il avait dû laisser pousser ses cheveux pour le rôle et il raconte que ses camarades de classe se moquaient sans pitié de lui. Un peu plus tard, il a fréquenté l'école de garçons, Tiffin School. « J'aimais bien cet établissement, a-t-il dit, même si je ne suis pas en faveur des écoles non mixtes. Les filles n'existaient tout simplement pas lorsque j'allais là, ce qui n'est pas une attitude saine. Lorsque les jeunes garçons sortent de telles écoles, la peur les rend stupides[34].

Étant donné qu'il savait déjà ce qu'il voulait faire dans la vie, il trouvait les études contraignantes et n'a été qu'un élève médiocre. Il a quitté Tiffin à l'âge de seize ans et a obtenu un emploi au Hard Rock Cafe de Picadilly, ce qu'il a perçu comme étant un pas pour la progression de sa carrière : « Je voulais me tenir près de cette population un peu folle, tellement différente et en plus j'y trouvais un immense plaisir. » Et il y avait un avantage : « Nous pouvions manger tous les hamburgers que nous voulions[35]. » Sa nature exubérante lui a rapporté quelques frictions mineures avec la police, toutefois rien de sérieux.

32

Une chose était certaine : sa détermination à devenir un acteur le gardait sur une route sans trop d'encombres.

Dans le but de faire progresser sa carrière, il obtint un emploi de placeur au Drury Lane Theatre. Étant donné que son emploi ne lui prenait que ses soirées, il avait la possibilité de passer des auditions pour la télévision dans la journée. Un de ses premiers rôles a été pour une série produite par Granada Television, *Families*. Jonny allait dire par la suite de ce rôle : « La seule chose à laquelle je pensais était que je n'étais pas obligé de revêtir ce stupide uniforme bleu et de satisfaire aux mille petits caprices des touristes américains. En réalité, vous n'arrêtez jamais de regarder derrière vous et de vous demander s'il y aura encore du travail le lendemain[36]. »

Et pourtant, les rôles à la télévision ont continué à arriver, tout comme les offres pour des rôles dans des pièces de théâtre. Il est même arrivé qu'on lui propose un contrat pour apparaître dans une série télévisée très populaire et de longue haleine, les *Eastenders*. Il ne l'a pas accepté. Il jugeait que le rôle aurait fait obstacle à sa véritable ambition, celle de devenir un acteur de cinéma comme son grand-père. Il allait finalement obtenir sa chance en 1994 lorsqu'il a été choisi pour le film *Hackers*, ce qui l'a amené à Hollywood pour la première fois.

Lorsqu'il parle de sa relation avec Angelina, Jonny dit qu'elle n'avait pas été provoquée par un coup de foudre, mais qu'il avait été difficile de résister à sa beauté. Lors de tournage de films, les acteurs qui deviennent amoureux peuvent passer tout le temps en compagnie de l'être aimé et ils le font. Ils se trouvent à l'intérieur d'un petit monde à eux, échappant ainsi aux responsabilités quotidiennes. Cependant, le tournage terminé, il est souvent difficile d'adapter leur conte de fées aux réalités. Pour de nombreux acteurs, cela signifie qu'ils doivent maintenir une relation malgré l'éloignement, car chacun d'entre eux doit retourner chez lui ou sur un autre tournage. Cela a été le cas pour Angelina et Jonny. Toutefois, leur relation devait survivre à l'éloignement.

« Notre histoire d'amour a été tumultueuse du fait que nous vivions aux antipodes l'un de l'autre, a admis Miller. Cependant, le véritable amour est quelque chose qui vous envahit totalement. Nous nous connaissions depuis un an lorsque nous nous sommes mariés[37]. » Ils avaient la ferme conviction tous deux, du fait qu'ils venaient de famille d'acteurs, de pouvoir supporter la pression engendrée par leur travail. Angelina avait vingt ans et Miller vingt-deux le 28 mars 1996 lorsqu'ils se sont mariés sur un coup de tête.

Leur décision avait été si rapide que Jonny n'a même pas pu rencontrer le père d'Angelina avant le mariage, car il était sur le tournage de *Mission impossible* avec Tom Cruise, tournage qui a encore duré plusieurs semaines après le mariage. « Il est certain qu'une des raisons du mariage a été le fait que j'étais fou d'elle, a expliqué Miller lors d'une interview. Cependant, j'ai dû penser qu'il s'agissait là d'une expérience extraordinaire qui me permettrait d'explorer d'autres mondes, de déménager et de travailler à Los Angeles tout en ayant un but précis. Si je ne l'avais pas fait, il est bien possible que je me sois demandé le reste de mon existence ce qui aurait bien pu arriver si je ne m'étais pas ainsi engagé[38]. »

34

Leur mariage a été célébré sans tambour ni trompette à la mairie de Los Angeles en compagnie de leurs deux témoins. Cela ne les a pas empêchés de se montrer fort peu discrets et de faire parler d'eux. Jonny était vêtu de cuir noir de la tête aux pieds et Angelina portait des pantalons en caoutchouc noir et une chemise où le nom de Jonny avait été peint en rouge avec son propre sang. Les nouveaux mariés ont décidé de garder le secret sur leur mariage au début. Cependant, lorsqu'elle se trouva en Europe pour la promotion de la sortie européenne de *Hackers*, Angelina a fait part de son mariage lors d'une entrevue avec des journalistes et a fait le commentaire suivant : « Je tombe toujours amoureuse lorsque je travaille sur un film. C'est tellement intense. Et j'ai toujours été très impulsive lorsque des Britanniques sont à proximité. Ils m'attirent. Eh non ! Notre mariage n'a pas été un grand tralala en blanc... Ce fut un petit mariage en noir ! » Parallèlement, elle estimait que le mariage était noble et romantique. « Il n'existe rien de plus important que de signer un papier officiel qui vous lie à quelqu'un pour la vie », a-t-elle déclaré[39]. »

Alors que Miller se montrait plus discret, Angelina allait exhiber ce qui allait devenir un de ses traits de caractère les plus notoires – en donnant des interviews qui déstabilisaient les journalistes, car ils se demandaient si elle était sérieuse ou si elle se moquait d'eux. Il est devenu évident au bout d'un certain temps qu'elle ne leur jouait pas un tour. Angelina réussissait à communiquer d'une seule façon : en parlant crûment et révélant des vérités quelquefois difficiles à entendre. Son nouveau mari était la seule personne dont Angelina ne parlait pas facilement, par respect pour son intimité – bien qu'elle ait commenté qu'il possédait « un côté sauvage ». Elle a toutefois révélé son fétichisme pour les couteaux et les tatouages et a souvent discuté de son intérêt sexuel pour les femmes et de sa curiosité pour les pratiques sadomasochistes.

Angelina n'a pas fait d'efforts pour cacher ses tatouages, qui étaient tous symboliques de quelque chose qui avait de l'importance à ses yeux. Le tatouage sur ses fesses était inspiré par les totems tribaux que l'on trouve à Bornéo ; celui sur son bras était un symbole de la bravoure et celui sur son épaule représentait la mort...

Un seul de ses tatouages ne l'avait pas vraiment satisfaite. « J'avais baissé mon froc dans un salon de tatouage d'Amsterdam, a-t-elle raconté au magazine *People*. Je me suis réveillée dans un matelas d'eau avec un drôle de dragon punk à langue bleue tatoué sur ma hanche. J'ai réalisé que j'avais fait une erreur. C'est pourquoi je me suis fait tatouer une croix par-dessus quelques mois plus tard. Lorsque je porte un pantalon à taille basse, on dirait qu'il s'agit d'un poignard[40] ! »

Miller aimait les tatouages, tout comme Angelina. Celui qui était le plus apparent était un serpent qui se trouvait sur la face interne de son poignet. Il avait un côté grotesque, car il possédait un visage d'ange. *Hackers* n'a sans doute pas obtenu le succès espéré, toutefois de nombreux adolescents ont fait en sorte que Miller devienne une des coqueluches du mois. On le voyait sur la couverture de tous les magazines destinés aux adolescents et sur tous les sites web créés par les fans sur Internet. Cependant, Miller, tout comme sa jeune épouse, n'accordait pas d'importance à cette reconnaissance commerciale ou à la popularité que lui vouaient ses admirateurs. Il se sentait flatté. Son objectif premier était de continuer à faire de bons films.

La popularité de Miller avait énormément augmenté en Angleterre avant la parution en Europe de *Hackers*, grâce à son époustouflante interprétation dans le film *Trainspotting*, qui allait plus tard rencontrer un vif succès dans la catégorie des films d'art et essai. Cette œuvre bizarroïde, dirigée par Danny Boyle, levait un regard stoïque tout en restant parfois comique sur la vie de cinq individus toxicomanes dépendants à l'héroïne en Écosse. Ce film est une adaptation du célèbre roman d'Irvine Welsch et son but est de choquer, non parce que l'on y traite de toxicomanie mais à cause de son ton parfois imprécatoire. La teneur de ce film est l'écho de son homologue *Drug Store Cowboy* qui s'attaquait également aux personnes ayant une attitude conservatrice envers les toxicomanes et qui osaient mépriser ceux qui éprouvent du plaisir à se droguer. Ces deux films n'ont comme but que de rappeler aux spectateurs qu'il existe une raison pour laquelle les personnes commencent à se droguer – les personnes qui se droguent peuvent éprouver du plaisir en le faisant et l'expérience peut être agréable, du moins au début...

Les protagonistes manifestement éprouvent du plaisir à se droguer dans le film *Trainspotting*. Le film, toutefois, réussit à décrire les vies épouvantables de ces jeunes gens désabusés de tout, ainsi que le tribut final à payer à leur dépendance, de l'incontinence jusqu'à la mort à cause du SIDA. La scène la plus célèbre est celle où l'on montre un toxico en train de plonger sa main dans une cuvette de cabinets repoussante pour y récupérer des suppositoires d'opium. En tel cas, il n'existe évidemment rien de séduisant dans cette utilisation des stupéfiants. Le titre du film est une expression en argot britannique désignant les ferrovipathes, les passionnés de trains électriques dans leur salle de jeu ou qui regardent les trains passer, ce qui, de façon idiomatique, fait référence à un état léthargique et apathique provoqué par l'héroïne.

Les personnes qui ont assisté au film *Trainspotting*, et tout particulièrement les critiques, ont fait les éloges du courage et de l'équilibre que le film présentait. Malgré cela, il n'a jamais atteint la faveur populaire, non parce qu'il abordait un sujet difficile mais à cause de la langue utilisée. Très peu d'Américains comprenaient l'accent des acteurs, à couper au couteau, ainsi que les dialogues en staccato et très idiomatiques. Miller n'a pas eu l'air de se soucier de ce détail. Il aimait demeurer dans l'anonymat à Los Angeles. Il pouvait y mener une vie tranquille sans être sous l'attention constante des médias locaux.

Rétrospectivement, il semble que le mariage d'Angelina et de Miller ne durerait pas longtemps, étant donné qu'une relation bâtie sur une passion aussi intense se consume comme un feu de paille. Cependant, durant la première année de leur union, le magnétisme sexuel qui existait entre eux était perceptible. En dépit de tout leur érotisme, on peut dire qu'ils ne formaient pas un couple romantique.

Il existait un obstacle plus important que leur jeunesse, plus important que leur sexualité épuisante et plus important que de devoir jongler avec leurs deux carrières que leur relation ne pouvait surmonter : Jonny avait le mal du pays. Il est retourné en Angleterre quand Angelina lui a annoncé

38

qu'elle voulait déménager à New York. Au cours des mois qui ont suivi le retour de Miller en Angleterre, le couple n'a pas répondu quand on demandait aux conjoints s'ils étaient encore ensemble. Cependant, après dix-huit mois de mariage, ils ont rendu leur séparation officielle.

« Jonny et moi sommes encore fous l'un de l'autre, nous ressentons cependant que nous devons prendre des chemins différents », devait-elle confier à Louis Hobson, du *Calgary Sun*, en 1998. Et là encore, elle paraissait abandonner la partie à contrecœur. « Jonny et moi avons divorcé, mais nous sommes restés d'excellents amis, a-t-elle insisté lors d'une interview que menait Hobson un an plus tard en 1999. Nous nous sommes tenu la main pendant toute la procédure de divorce. L'amour n'a jamais fait défaut entre nous. J'aime les conversations que nous avons au téléphone et il me manque. Nous nous aimons, mais nous avons réalisé que nous étions à une époque de notre vie où le mariage n'était pas fait pour nous. » Le divorce a été prononcé le 3 février 1999.

Angelina a déclaré que le fait d'avoir été mariée avec Jonny l'avait rendue meilleure et qu'en même temps cela lui avait appris qu'elle devait laisser tomber quelques barrières. « Je suis autosuffisante et je ne connais pas la manière de permettre à un homme d'être un homme, de m'engager à acheter une maison en commun. Je ne pourrais jamais posséder une police d'assurance avec un homme[41]. » Pendant de nombreuses années par la suite, les regrets causés par cette rupture ont fait partie des conversations que tenait Angelina, et il lui est même arrivé de dire que ce divorce avait été l'action la plus stupide qu'elle ait commise. Dans le même ordre d'idées, elle a admis ne pas se morfondre sur le passé. « J'avais eu tellement de chance en rencontrant un homme aussi exceptionnel désirant m'épouser. Les choses se sont passées au mauvais moment. Je pense qu'il est le mari idéal pour une femme. Je l'aimerai toujours. Nous étions trop jeunes, voilà[42]. »

La période de temps qu'elle a partagée avec Miller a finalement représenté un cours accéléré sur la vie, que ce soit à un niveau personnel ou professionnel, qui allait lui offrir des leçons qu'elle n'apprécierait pleinement que lorsqu'elle prendrait un certain recul. En ce qui concerne son expérience lors du tournage du film *Hackers*, Angelina déclare à l'heure actuelle : « Cela m'a enseigné une bonne leçon. J'étais à mes tout premiers débuts et je pense que de nombreux jeunes acteurs se prennent tellement au sérieux qu'ils ne pensent pas qu'ils sont de vrais acteurs s'ils ne pleurent pas ou s'ils ne crient pas. Il est important de rester dans le moment présent et de s'amuser[43]. »

Tout cela a un rapport avec le fait d'être une jeune actrice pleine de talents qui arrive à se transformer suivant les rôles qui lui sont attribués. Bien que les quelques films qui ont suivi *Hackers* n'aient pas eu de succès au box-office et qu'ils n'aient pas été applaudis par la critique, ils ont néanmoins eu la faculté de procurer à Angelina la base sur laquelle elle allait s'appuyer pour devenir une des actrices les plus prometteuses d'Hollywood.

CHAPITRE 3

L'APPRENTISSAGE DU MÉTIER

Les acteurs se plaignent souvent que les régisseurs de distribution ne peuvent ou ne veulent pas voir plus loin que le dernier rôle interprété par un acteur et qu'ils distribuent les rôles en se basant sur le physique des acteurs. Cette approche de la distribution fait en sorte que les acteurs reçoivent des rôles stéréotypés. Il n'est donc pas surprenant qu'Angelina ait été choisie pour son film suivant pour interpréter le rôle de Legs Sadovsky, une adolescente semblable à ce qu'elle avait été dans *Hackers*. Ce nouveau rôle faisait partie de la distribution du film *Foxfire*, une adaptation du roman de Joyce Carol Oates, *Foxfire : Confession of a Girl Gang* (Dutton, 1993).

Le roman se déroule dans une ville ouvrière du nord de l'État de New York dans les années cinquante. Le livre raconte la vie de cinq jeunes filles qui fréquentent une école secondaire et forment une bande consacrée à la vanité, au pouvoir et à la vengeance. Ensemble, elles ont comme but de se battre contre une culture qui dénigre et détruit les jeunes femmes. Un communiqué de presse au sujet du livre décrivait *Les chroniques du Foxfire* comme étant, « l'histoire secrète d'une communauté féminine liée par le sang, un refuge loin du monde des coureurs de jupons et des phallocrates, faisant preuve d'une fureur qui n'est qu'un feu de paille... Il s'agit par-dessus tout de l'histoire de Legs Sadovsky, une jeune beauté glaciale vivant sur le fil du rasoir et dont l'état nerveux, les muscles, la haine et la douleur faisaient d'elle l'étincelle de *Foxfire*, son guide spirituel, son âme passionnée... » Ce communiqué de presse qualifie le personnage de Legs comme « étant une des héroïnes les plus frappantes et les plus énergiques des œuvres de fiction modernes[44] ».

Comme il arrive si souvent lorsqu'un livre très narratif est adapté pour l'écran, beaucoup de choses se perdent dans l'adaptation. Un des éléments principaux du livre était sa localisation dans les années cinquante et dans l'État de New York où des minorités américaines de toutes sortes se trouvaient réprimées, socialement parlant, et où les racines d'une révolution culturelle évoluaient lentement. Les producteurs du film ont choisi, cependant, de situer l'action à notre époque à Portland, en Oregon, là où le film a été tourné. Bien que la mise en scène ait été changée, le principe même de l'histoire a été conservé : de jeunes étudiantes s'allient pour lutter contre un de leurs professeurs qui les harcèle sexuellement. Leur groupe change de manière draconienne à l'arrivée d'une nouvelle étudiante mystérieuse, Legs Sadovsky, que la réalisatrice Annette Haywood décrit comme étant le pendant féminin de James Dean.

La première scène du film décrit comment un professeur de biologie sadique, interprété par John Diehl, martyrise une de ses élèves parce qu'elle ne veut pas disséquer sa grenouille. Comme punition, il la met en retenue. Or, il est bien connu parmi les filles, d'après le scénario, qu'il harcèle sexuellement celles qui sont mises en retenue. Toutefois, lorsque Rita se présente dans l'après-midi pour sa retenue, elle n'est pas seule. Elle est accompagnée d'un groupe d'amies, dont Legs, qui rouent de coups le professeur qu'elles abandonnent ensanglanté. Elles sont renvoyées de l'école par la suite et déménagent dans une maison abandonnée. Leur descente vers la criminalité commence à partir de ce moment-là. Ce film fait penser au film *Thelma et Louise,* où les actrices seraient des adolescentes sans en avoir la profondeur et l'intelligence.

Angelina a vu le personnage de Legs comme étant une personne dominant la situation, en dépit de son apparence désordonnée. « Elle était vraiment elle-même et vivait au moment présent, ce qui faisait d'elle quelqu'un d'imprévisible, a-t-elle expliqué à Diane Anderson du magazine *Girlfriends.* Elle ne perdait pas le contrôle ; elle était dans "l'ici et le maintenant". Elle était une personne toujours prête à cogner pour régler les problèmes et pouvait se montrer violente[45]. »

Angelina, qui avait déjà travaillé dans un film qui n'avait jamais atteint le public, admet qu'elle s'était préparée à ce que *Foxfire* ait le même destin, car il pouvait être perçu comme exprimant des sentiments anti-masculins. Il est possible que, si le film avait été plus fidèle en représentant le côté émotionnel du livre, la controverse ait provoqué de gros tumultes. Au lieu de cela, malgré l'excellente performance d'Angelina et de Jenny Shimizu, un mannequin à ses débuts, le film n'a été qu'un mélodrame peu mémorable.

Shimizu avait été découverte en 1993 alors qu'elle descendait de sa moto devant le Club F**k de Los Angeles. À l'époque, elle avait un emploi de mécanicienne dans un garage. Son aspect androgyne a fait d'elle le premier super-mannequin américain d'origine asiatique et elle est devenue la première reine de la mode lesbienne. Il lui est arrivé de plaisanter en disant qu'elle avait eu comme maîtresses toutes les jolies filles au monde. Calvin Klein a choisi Shimizu pour sa campagne CK One qui a connu un grand succès et elle a été vue dans de nombreuses publicités à travers le monde. Elle a également été choisie comme modèle par la société Shiseido de Tokyo, et, au moment du tournage de *Foxfire*, elle était un mannequin très recherché.

Bien qu'elle ait déclaré avoir pour objectif de posséder son propre atelier de mécanique, Shimizu ne sous-estimait pas son succès en tant que mannequin et se montrait reconnaissante pour toutes les occasions que cela pouvait lui apporter, ce qui a inclus ses débuts en tant qu'actrice dans *Foxfire*. « J'ai vraiment adoré ce projet parce je me suis sentie bien en y participant, a-t-elle dit lors d'une entrevue menée pour la promotion du film. Lorsque vous trouvez quelque chose, dans votre for intérieur vous vous sentez bien. Je sais que je veux devenir une actrice... De plus, il y a des filles fantastiques qui participent au film. La tension sexuelle est prédominante mais pas la sexualité proprement dite. » Même si elle est une lesbienne déclarée, Shimizu a déclaré ne jamais être sortie avec des lesbiennes : « Je ne suis sortie qu'avec des femmes hétérosexuelles[46] », soutient-elle.

Et voici qu'Angelina entre en scène. Il était sans doute inévitable qu'un lien se soit créé avec Shimizu, s'il n'y avait eu d'autres raisons que la passion de Jenny pour les tatouages. Lors du tournage de *Foxfire*, Shimizu portait cinq tatouages, dont l'un d'entre eux montrait une femme assise à califourchon sur une clé anglaise, et là où le logo de *Snap-On*, une marque d'outils à parties amovibles pour garagistes, devait apparaître, Jenny avait fait inscrire « Attachez-vous ! ».

Angelina déclara à cette occasion : « Il est bien possible que je me sois mariée avec Shimizu si je n'avais pas épousé Jonny. Je suis tombée amoureuse d'elle dès que je l'ai vue. En fait, je l'ai vue pour la première fois lorsqu'elle a été choisie pour faire partie de la distribution de *Foxfire* et qu'elle venait de lire mon rôle. J'ai pensé que j'allais perdre le rôle. Je me suis dit : "Oh ! mon Dieu, c'est Legs. Elle est fantastique. Nous nous sommes beaucoup amusées[47]." »

La comparaison de Legs à James Dean a été plus révélatrice que la réalisatrice en avait eu l'intention, lorsque l'on pense à la rumeur qui courait sur la bisexualité de Dean et à la confession antérieure d'Angelina sur sa curiosité pour les relations homosexuelles. En dépit du fait que le film évite toute direction directe concernant les préférences sexuelles de Legs, les critiques ont clairement vu là une dimension homosexuelle et érotique au personnage incarné par Angelina. Malgré cela, Angelina a déclaré : « Honnêtement, je ne la vois pas au lit avec une partenaire. Je ne voulais pas que le film traite de cela. Le film a comme sujet l'amitié et la formation de liens affectifs… Ce n'était pas mon rôle de faire d'elles des homosexuelles. Si jamais elles questionnaient leur sexualité dans le processus, mon rôle était de les aider à voir clair[48]. »

En ce qui concerne sa vie personnelle, Angelina a découvert qu'elle n'était pas seulement attirée par les femmes de façon abstraite mais également dans sa chair. Angelina a reconnu avoir vécu une liaison avec Jenny et a déclaré : « Je suis pour une sexualité libre. Ma sexualité a un côté sombre ; cela ne m'empêche pas de pouvoir faire preuve de douceur[49]. »

Il était surprenant qu'Angelina admette sa relation avec Shimizu, non parce que cette relation impliquait une femme mais surtout parce qu'à l'époque, elle était mariée à Miller depuis peu de temps. « Je pense que cela ne le dérange pas, a-t-elle indiqué lors d'une interview menée en 1997. Il est venu sur le plateau de *Foxfire*. Il était présent lorsque j'essayais de comprendre ce que j'étais... Au moment où j'ai réalisé que quelqu'un comme Jenny aurait pu éventuellement être pour moi un grand amour, il en a eu également connaissance et il a pris toute l'affaire avec le plus grand sérieux. Une chose est certaine, il n'a pas traité cette histoire comme étant seulement une question de sexe[50]. »

Malheureusement pour le film et ses réalisateurs, *Foxfire* n'a pas connu la force dramatique des imbroglios de derrière les coulisses. Les critiques l'ont méprisé à l'unanimité. Le critique Martin Wong a déclaré : « Les interprétations superbes de Hedy Burress, d'Angelina Jolie et de Jenny Shimizu à ses débuts ne pourront empêcher le film de tomber en vrilles dans la parodie. Dès les premières scènes du film jusqu'à son apogée mélodramatique, les débuts d'Annette Haywood-Carter comme réalisatrice trahissent les véritables sensibilités du livre de Joyce Carol Oates, dont le film a été adapté[51]. »

Beth Pinkster, du *Dallas Morning News*, s'est montrée d'accord et a indiqué que le film était un échec fondamental : « Tout s'écroule lorsque Legs est envoyée dans un centre de détention pour adolescentes, ce qui a une conséquence inévitable. Legs ne leur a pas enseigné à penser, mais à suivre uniquement ce qu'elle préconisait. En effet, les autres filles de la bande continuent à être de loyaux disciples se laissant fortement influencer par le moment présent. Il semble que leur destin est de devenir des femmes battues. Et cet état de choses, plus que n'importe quoi d'autres, fait en sorte que le film se révèle pratiquement un acte criminel à l'égard du roman très convaincant de Madame Oates[52]. »

Angelina allait abandonner, lors de son prochain film, les mondes difficiles de *Hackers* et de *Foxfire* et tenter une aventure vers la comédie romantique – un genre de film qui peut se révéler encore plus risqué, comme elle allait le découvrir. Le film *Love is All There Is*, sorti en 1996, a été écrit et réalisé par un mari et sa femme, Joe Bologna et Renee Taylor, qui a également joué dans le film. Selon Renee Taylor, le sujet du film était la difficulté qu'éprouve une mère à laisser partir son fils. « Mon propre fils a épousé son amie d'enfance à l'âge de vingt-deux ans et j'ai vraiment éprouvé de la difficulté à le voir quitter la maison, a-t-elle révélé. Le film puise son origine dans cette histoire personnelle avec, pour pigmenter le tout, une lutte entre les deux familles qui veulent empêcher l'histoire d'amour des deux jeunes gens[53]. »

48

Pour résumer, disons que Bologna et Taylor ont fait une version moderne de *Roméo et Juliette* qui se déroule dans le Bronx. Les deux familles en guerre sont les Capamezza et les Malacici, deux clans rivaux qui s'affrontent à cause de l'histoire d'amour qui existe entre leurs enfants de seize ans, Rosario et Gina, joués par Nathaniel Marston et Angelina Jolie. Au cours de ce film, les deux adolescents participent à la production de *Roméo et Juliette* dans un théâtre communautaire et tombent amoureux au premier coup d'œil. À la grande horreur de leurs parents respectifs, ils restent embrassés bien plus longtemps que ne le nécessite la pièce lors de la scène finale. Le drame est amplifié lorsqu'ils s'éclipsent pour se marier. L'opinion émise par le *Los Angeles Times* a été courte : « Le film *Love is All There Is*, réalisé par Renee Taylor et Joseph Bologna, n'arrête pas de nous dire que l'amour ne suffit pas alors que c'est leur film qui n'est pas à la hauteur[53]. »

La carrière d'actrice d'Angelina a donc connu une ascension peu rapide au commencement. À la suite du film *Love Is All There Is*, elle est apparue dans un film obscur et rapidement oublié qui est sorti en 1996, *Mojave Moon*. Angelina a participé à quatre films en moins de deux ans. Aucun d'entre eux n'a remporté de succès au box-office. Bien que la majorité des commentaires sur elle aient été positifs, il lui est arrivé d'en recevoir des négatifs de temps à autre. Elle a, néanmoins, estimé qu'il était dangereux de lire trop de critiques, qu'elles soient positives ou négatives. « Lorsque de nombreuses personnes n'arrêtent pas de vous dire à quel point vous êtes merveilleuse, vous commencez à les croire. Et puis, lorsque quelqu'un vous dit que vous êtes très mauvaise, vous le croyez aussi », a-t-elle expliqué[55].

Alors qu'elle envisageait son projet suivant, Angelina a vite réalisé la leçon que de nombreux acteurs en puissance ont apprise avant elle : travailler régulièrement n'assure pas que votre vie personnelle sera tout aussi plaisante. C'est un fait qu'elle avait appris de son père et c'était quelque chose qu'elle commençait à connaître. Elle assure avec fatalisme : « Vous ne pouvez pas avoir une vie fantastique du jour au lendemain et connaître la facilité. » Elle a déclaré, en fait : « Rien ne peut améliorer votre vie[56]. »

Il est certain, cependant, que quelques bons rôles suffisent à faire bifurquer une carrière.

CHAPITRE 4

LA PERCÉE

Les acteurs de cinéma ont pendant très longtemps évité systématiquement de participer à des productions pour la télévision. La raison de cela est que lors des premières dizaines d'années d'existence de ce média, les acteurs qui jouaient à la télé le faisaient parce qu'ils n'arrivaient pas à signer de contrats pour le grand écran. Les heures de grande écoute étaient constituées d'un ramassis d'émissions vieillottes du style de *Love Boat* (*La croisière s'amuse*) ou de *Fantasy Island* (*L'Île fantastique*) et de *Murder She Wrote* (*Arabesque* en France et, curieusement, « *Elle écrit au meurtre* » dans d'autres pays francophones). Cependant, avec l'arrivée des chaînes de télévision par câble comme HBO et Showtime, qui ont produit des films pour la télévision de grande qualité, la mauvaise presse qui touchait les productions télévisées s'est dissipée. Pour pouvoir se montrer compétitives, les chaînes de télé ont amélioré la qualité de leur contenu en produisant des miniséries à gros budget et des films réalisés pour le petit écran. En résultat, des acteurs comme Halle Berry, Glenn Close et Holly

Hunter apparaissent autant sur le petit écran que sur le grand.

La première expérience d'Angelina Jolie dans une production de grande envergure pour la télévision a été pour la série *True Women* (*Sœurs de cœur*) produite par CBS en 1997. Cette série est basée sur le livre de Janice Woods Windle. Ce roman historique décrit cinq décennies d'histoire, de la révolution du Texas jusqu'à la guerre civile. C'est l'histoire de femmes texanes qui ont construit leurs foyers à la frontière, ont mis des enfants au monde et les ont enterrés, des pionnières qui ont dû faire face quotidiennement aux menaces et aux obstacles qui s'étendaient des Indiens Comanche au Ku Klux Klan en passant par les soldats nordistes ; de plus, elles se débrouillaient pour se joindre au mouvement des suffragettes dans leurs temps libres.

C'est le hasard qui a donné à Windle l'idée d'écrire ce roman. Windle, lorsque son fils lui a annoncé ses fiançailles et son prochain mariage, a décidé de faire un cadeau spécial à sa belle-fille. Elle a donc commencé à regrouper de vieilles recettes de famille et les a consignées dans un livre. Pour l'aider, sa mère lui a remis un vieux cahier de recettes écrites à la main qu'elle avait caché. Parmi celles-ci se trouvaient également des feuilles concernant des souvenirs familiaux. Ses enfants se sont montrés toutefois un peu sceptiques en prenant connaissance de ces contes plus vrais que nature qui avaient été conservés comme des histoires un peu folkloriques. Dix ans plus tard, après avoir entrepris des recherches minutieuses, le livre *True Women* a été publié. Au cours de ses recherches, Janice Windle a découvert que de nombreuses femmes ayant appartenu à sa famille avaient été très engagées dans la colonisation du Texas.

Trois des ancêtres de Windle formaient le sujet principal du livre : son arrière-arrière-grand-mère maternelle, Euphemia Texas Ashby King ; son arrière-grand-mère paternelle, Georgia Lawshe Woods ; son arrière-arrière-grand-tante, Sarah McLure, qui ont participé à la colonisation des villes de San Marcos et de Seguin, situées au centre de l'État du Texas. Dana Delany a eu le rôle de McClure, Annabeth Gish celui d'Euphemia et Angelina celui de Georgia pour la minisérie produite d'après le livre. La production a été filmée dans les décors naturels au Texas et a duré sept semaines. Cette série télévisée possédait quelque chose d'unique étant donné que le réalisateur avait engagé Karen Arthur, une femme, pour la diriger.

Afin de se préparer à leurs rôles, les trois actrices sont allées visiter de nombreux sites historiques et ont rencontré trente-huit personnes qui descendaient directement des personnages du livre. Elles ont aussi visité Sarah's Great House à Peach Creek, construite en 1838. Madame Windle raconte que c'est de cette maison précisément que Sam Houston a averti que les armées du général mexicain Santa Anna, le « Napoléon du pauvre », progressaient et que cinq mille femmes et enfants ont été évacués vers la frontière de la Louisiane pour fuir l'armée mexicaine. La minisérie *True Women* (*Sœurs de cœur*) a été diffusée en mai 1997. La grande majorité des critiques et des téléspectateurs a répondu positivement. Angelina, pour une fois, s'est trouvée éclipsée, car Delany a reçu la part du lion des éloges.

54

Angelina a, une fois de plus, fait partie d'une production importante pour le petit écran pour son prochain engagement. Et, cette fois-ci, l'interprétation d'Angelina s'est fait remarquer et elle s'est trouvée rapidement en train de susciter cet intérêt si important dans l'industrie cinématographique, celui qui représente une condition préalable très importante pour accéder à la célébrité.

Le projet qui a permis que des réalisateurs de l'industrie du film envisagent Angelina avec un nouveau regard a été le fascinant film *George Wallace*, produit par The Turner Network en 1997. Angelina y jouait le rôle controversé de Cornelia, la femme de Wallace. Pour quelqu'un qui a été un personnage majeur et fascinant de la politique, il est frappant de voir que tant d'Américains de moins de trente ans connaissent peu la vie de ce gouverneur ségrégationniste très contesté.

George Corley Wallace est né le 25 août 1919, à peu de distance de la rue principale de Clio en Alabama. Il y vivait avec ses trois frères et sœur – Gerald, Jack et Marianne – dans un logement délabré et exigu de quatre pièces. Tout comme de nombreuses familles de paysans du sud des États-Unis pendant la grande crise de 1929, les Wallace ont subi de nombreuses épreuves. Il n'y a pas de doute que les idées politiques de Wallace aient été façonnées par la pauvreté en milieu rural qu'il a connue comme enfant ainsi que par l'amertume que ne dissimulait pas son père en relation avec les difficultés économiques qu'éprouvaient les anciens Sudistes. George sénior répétait souvent à son fils que les gens du Sud n'avaient aucune chance d'être élus à un poste à l'échelon national parce que les gens du Nord les méprisaient.

Wallace, grâce à son charisme et à son charme, a réussi à grimper les échelons dans les milieux politiques et a décidé de son destin de politicien en se faisant un ardent avocat de la ségrégation. De façon ironique, Wallace, au cours de sa première campagne pour devenir gouverneur de l'Alabama, en 1957, avait entrepris sa campagne électorale avec le parti libéral et le support de la NAACP, la National Association for the Advencement of Colored People (l'Association nationale pour l'avancement des gens de couleur), l'ACLU, l'American Civil Liberties Union (L'union américaine pour les libertés civiles) et la population juive de l'Alabama ! Il a toutefois perdu aux élections après s'être opposé en public au Ku Klux Klan. En réaction, il a adopté une tout autre position politique – la séparation des Blancs et des Noirs. La popularité de Wallace a connu une ascension très rapide au sein de la structure sociale ressemblant à l'apartheid qui régnait dans le Sud. « Il a senti le mécontentement de la population et il en a conclu que le pays au complet devait adopter la façon de régler le problème des Sudistes », a expliqué Marshall Frady, l'auteur du livre Wallace, dont on s'était inspiré pour écrire le script du film. Il a poursuivi en ces termes : « Wallace a parlé des codes qui traitaient du malaise racial ; il a condamné le contrôle exercé par le pouvoir de Washington, qui dicte aux citoyens quelles sont les personnes à employer, dans quelles écoles ils doivent envoyer leurs enfants ainsi que la marche à suivre en ce qui concerne les conflits raciaux. Il a mis en garde les chefs politiques américains contre l'immense mécontentement qu'il avait lui-même contribué à exacerber[57]. »

Même les personnes qui n'étaient pas encore nées dans les années 1960 sont probablement familières avec un des

56

faits les plus significatifs de la décennie – par exemple, le gouverneur Wallace, dans une attitude de défi, bloquant en 1963 l'entrée de l'Université de l'Alabama à Tuscaloosa aux premiers étudiants noirs qui s'y étaient inscrits. Sa montée au pouvoir ainsi que sa disgrâce ont fait de Wallace l'un des hommes politiques les plus controversés depuis des décennies. Il a attiré à la fois des critiques enragés et de fervents alliés à travers le pays.

« Wallace est le Faust de notre génération, un héros tragique qui a vendu son âme, a dit le réalisateur du film Wallace, John Frankenheimer. C'était un homme d'une très grande intensité et très intelligent pour son époque. Il savait ce qu'il voulait et le sujet du film est le fait qu'il a mal choisi son parti. Ce film témoignera ou non en sa faveur et les spectateurs pourront émettre les critiques qu'ils désireront après l'avoir vu. Cependant, que l'on soit pour ou contre George Wallace, je garantis que tous seront émus[58]. »

Il a semblé possible, pendant un certain temps, que Wallace puisse obtenir les appuis et bénéficier d'un effet dynamique pour accéder à la présidence des États-Unis. Cependant, le 15 mai 1972, alors qu'il était en campagne présidentielle, Wallace a été la victime d'une tentative de meurtre. Arthur Bremer, un assassin qui avait déjà traqué Richard Nixon et George McGovern, a tiré cinq coups de feu sur lui. Bien qu'il ait miraculeusement survécu, les blessures par balles ont beaucoup endommagé sa moelle épinière et l'ont laissé partiellement paralysé, incapable de marcher et souffrant de douleurs permanentes.

Cette tentative d'assassinat a provoqué un changement complet chez Wallace. Selon son biographe, Frady : « Wallace a été envahi par "des souffrances de l'esprit" après avoir été atteint par les coups de feu[59]. » Les assassinats de Martin Luther King Jr., de John F. Kennedy et de Robert Kennedy l'ont particulièrement accablé parce qu'il avait survécu alors qu'eux avaient perdu la vie. En effet, Frady se souvient que lorsque le père de Martin Luther King a rendu visite à Wallace, celui-ci lui a présenté des excuses, les larmes aux yeux, parce qu'il avait survécu. Il a aussi imploré le pardon de l'ancienne église de King à Montgomery. « Je ne sais pas ce qui se passait, il s'adoucissait au fur et à mesure qu'il s'affaiblissait ; sa violence s'émoussait », remarque le biographe. L'ironie veut que, bien sûr, s'il n'avait pas été victime de cette tentative de meurtre, cette transformation spirituelle, ces remords ne se soient sans doute jamais produits. Frady reconnaît que l'on peut se poser des questions sur la sincérité des remords de Wallace, mais il soutient que l'on ne doit pas remettre en question son repentir, peu importe ce que cela dissimule[60]. Curieusement, bien qu'il n'ait jamais vraiment récupéré son pouvoir en politique, Wallace a réussi un retour remarquable et a assuré deux autres mandats comme gouverneur de l'Alabama. Il est des plus fascinants de constater qu'une grande portion des Noirs de cet État ont voté pour lui !

Le réalisateur du film *Wallace*, Mark Carliner, décrit l'histoire de Wallace comme étant une tragédie humaine parfaitement épique. « Ce film traite de trois thèmes contemporains importants de la société américaine : les races et le racisme ; le danger fondamental de la démocratie ; le pardon et la rédemption[61]. »

58

La distribution des rôles a été particulièrement difficile étant donné le drame intrinsèque et les relations personnelles complexes que Wallace entretenait dans sa vie. L'acteur qui devait jouer le rôle du gouverneur devait couvrir une période historique de vingt ans et être crédible en même temps qu'humain. Frankenheimer a offert le rôle à un acteur de théâtre et de cinéma, Gary Sinise, mieux connu pour sa participation à la série *CSI : New York*. Le choix de la distribution des rôles des deux épouses de Wallace, Lurleen et Cornelia, interprétées par Mare Winningham et Angelina Jolie, a également été difficile. « Lurleen était la femme dévouée d'un homme politique qui a sacrifié sa santé lorsque Wallace s'est porté candidat pour le poste de gouverneur, a déclaré Mare Winningham au sujet de la première épouse de Wallace qui est décédée du cancer. Elle aurait fait n'importe quoi pour aider son mari et elle a fini par lui faire cadeau de sa vie[62]. » Après le décès de Lurleen, Wallace a épousé Cornelia, la nièce de son mentor politique, Big Jim Folsom. Angelina perçoit Cornelia comme étant « une fière femme du Sud dont l'énergie correspondait à celle de Wallace. Elle avait été attirée par sa confiance et sa passion. Je pense qu'elle l'a toujours aimé et qu'elle serait toujours restée à ses côtés, mais il a fini par la faire partir, » a déclaré Angelina[63].

Frankenheimer, qui affirme qu'Angelina était « un rêve pour les réalisateurs », a fait remarquer qu'elle a fait ressortir le côté « ravissante idiote » de Cornelia, son opportunisme, sa vulnérabilité, sa tristesse. « Sa perte pouvait se pressentir[64]... » dit-il. Frankenheimer a ajouté. « Le monde est plein de jolies filles. Cependant, elles ne sont pas toutes comme Angelina Jolie. Elle est agréable, honnête, intelligente, superbe et pleine de talents. Elle apporte beaucoup à l'ensemble[65]. »

Le film *George Wallace* est exceptionnel pour une œuvre produite par une chaîne de télévision. Il a été tourné en extérieur à Los Angeles et non au Canada ou dans un autre pays où les coûts de production sont moindres. Les réalisateurs avaient planifié de filmer une partie du film en Alabama, mais le gouverneur de l'Alabama de l'époque, Forrest « Fob » James, a informé Frankenheimer que la production n'était pas bienvenue. « Je désire que les vauriens qui produisent cette œuvre de fiction fantaisiste demeurent loin de cet État. Ils ne sont pas dignes de fouler la terre de l'Alabama[66]... », a ajouté cet individu.

Frankenheimer ne partageait pas cette opinion. « Certains désirent que nous étouffions tout ce qui concerne George Wallace. Nous offrons une fraction de l'histoire de l'Alabama. Telle est notre intention. Toutefois, nous ne produisons pas un documentaire, mais un drame qui se base sur des événements réels. Je pense que la population de l'Alabama adorera ce film. Le racisme est encore un problème majeur dans ce pays. C'est pourquoi cette œuvre est si importante. Il y a une génération complète qui ne connaît pas le nom de George Wallace – il existe même des personnes qui travaillent pour la production de ce film qui ne le connaissent pas[67]. »

Le critique du magazine *People*, Terry Kelleheront, a attaqué les scénaristes pour avoir créé un personnage fictif, un Noir qui travaillait (dans le film) pour George Wallace. Il n'a eu, cependant que des paroles d'éloges pour Angelina Jolie : « En ce qui concerne de la vie privée de

60

Wallace, une chose est certaine : sa notoriété est montée en flèche après la mort de sa première femme, Lurleen (Mare Winningham) lorsque sa seconde femme, plus jolie et plus sexy que la première, est devenue la Première Dame de l'Alabama[68]. »

Liz Smith, de *Newday*, s'est montrée d'accord et a décrit les scènes intimes entre Jolie et Sinise comme ayant été jouées avec « émotion, intensité et brio[69]. »

De nombreuses personnalités d'Hollywood ont été du même avis. En 1998, Angelina a été mise en nomination comme meilleure actrice dans un second rôle dans une minisérie ou un téléfilm, mais elle a perdu derrière Ellen Barking pour son interprétation dans *Before Women Had Wings*. La soirée qui a consacré Angelina s'est déroulée au cours de la 55e soirée des Golden Globes où elle a remporté le prix de Meilleure actrice dans un second rôle dans une série, une minisérie ou un téléfilm.

Bien que les trophées Emmys et que les Oscars du cinéma soient sans doute les deux récompenses les plus recherchées par les membres des communautés cinématographique et télévisuelle, les Golden Globes ont, au cours des ans, remporté leur propre notoriété en dépit du fait qu'ils restent encore quelque peu discutés. Parce que ce sont des journalistes « étrangers » qui décident quels sont les artistes qui recevront les trophées et qu'un grand nombre de ces journalistes sont indépendants, les trophées du Golden Globe ont été considérés par de nombreuses personnes comme étant les résultats d'un concours de popularité glorifié. Certains individus cyniques soupçonnent que si l'on invite suffisamment à déjeuner la presse étrangère, les chances de remporter des trophées sont énormément améliorées. Ce qui donne vraiment aux Golden Globes leur poids actuel découle du fait qu'ils se déroulent peu de temps avant les Oscars, qu'ils sont les seuls à attribuer des trophées pour les films et pour la télévision et qu'en plus la cérémonie est télévisée. En vérité, la communauté des artistes de Hollywood aime participer aux Golden Globes parce que, au contraire de la cérémonie des Oscars et des Emmys, il s'agit d'une grande fête du début jusqu'à la fin. Les invités ont droit à un dîner bien arrosé – une attention toute particulière étant placée sur les boissons – avant la cérémonie de remise des trophées, pendant la cérémonie... et après. Les invités sont assis à des tables en compagnie de leurs collègues, de leurs amis et non dans un auditorium, ce qui rend l'atmosphère moins guindée. L'humeur conviviale et l'abondance d'alcool font en sorte que de nombreux discours suite aux différentes nominations, et tout particulièrement ceux qui sont prononcés vers la fin de la soirée, sont plus spontanés et divertissants que ceux lors des Emmys ou des Academy Awards.

Comme il fallait s'y attendre, la cérémonie des cinquante-cinquièmes Golden Globes a été un événement riche en personnes célèbres. Des vedettes du petit et du grand écran ont été reconduites à leurs tables dans la grande salle de bal du Beverly Hills Hotel. Parmi les étoiles qui participaient à la cérémonie se trouvaient les vedettes du film *Titanic*, Leonardo DiCaprio et Kate Winslet. Matt Damon a été nominé pour le script et sa participation en tant qu'acteur dans *Good Will Hunting (Le destin de Will Hunting)* ; Helen Hunt, qui avait remporté le Golden Globe pour la meilleure actrice à la fois pour la série *Mad About You (Dingue de toi)* et le film *As Good as It Gets (Pour le pire et*

62

pour le meilleur) ; ainsi que Steven Spielberg, Jim Carrey, David Duchovny, Gillian Anderson, Jada Pickett, l'équipe de *ER* et celle de *Friends*. Sur place, les présentateurs étaient des vedettes comme Madonna, Goldie Hawn et Mel Gibson. Angelina Jolie avait également été sélectionnée, un signe de son statut de deuxième génération.

Après avoir fait son travail de présentatrice, Angelina a été rappelée sur le podium, cette fois-ci pour recevoir un trophée. Elle a paru sincèrement surprise et un peu troublée. Après avoir prononcé quelques mots de remerciements, son regard s'est dirigé vers la statue et a parcouru l'assemblée. « Papa, où es-tu ? Je t'aime », a-t-elle dit avant de s'éloigner[70]. Quelques personnes, un peu plus tard, ont fait des commentaires sur le tatouage très visible qu'elle a sur l'épaule et elle n'a pas perdu de temps pour dire : « Si jamais un réalisateur ne me veut pas parce qu'il ne peut pas voir ce qu'il y a en arrière de mes tatouages, je ne veux pas travailler pour lui. » Angelina avait surtout l'impression de vivre une expérience de sortie de corps. « J'étais totalement en état de choc. C'est comme si je m'étais incrustée dans une fête et que quelqu'un m'avait donné la permission de rester[71]. »

Lorsque la cérémonie télévisée s'est terminée, les invités se sont mêlés aux journalistes. Parmi eux, Jon Voight était rayonnant lorsqu'il a fait la remarque suivante : « Angelina a fait preuve de ses qualités d'actrice. Elle désire énormément accomplir du bon travail et elle en a la volonté. Lorsque nous discutons, je suis surpris de voir qu'elle possède autant de connaissances. Il s'agit plus d'un échange d'informations et j'aime tout particulièrement sa façon spéciale d'approcher les choses. C'est toujours fantastique de parler d'une vraie artiste. En tant que père, bien sûr, je suis tout particulièrement ému et ravi[72]. »

Angelina a également été secouée, mais davantage par l'atmosphère peu orthodoxe de la soirée. « Je me suis vraiment saoulée, a-t-elle raconté à Conan O'Brien lorsqu'elle a été invitée à son programme de fin de soirée. Mon père était avec moi et, au début de la soirée, il s'est montré très fier de sa fille. Cependant, lorsque j'ai commencé à enfiler les verres de tequila, il me regardait l'air songeur, semblant me dire : « Oh ! penses-tu que c'est une bonne idée ? Puis il est parti[73]. »

Les bêtises qu'Angelina a pu commettre après la cérémonie l'ont catégorisée comme étant libre et extravagante. Cependant, le trophée qu'elle a reçu a servi à faire la preuve qu'elle était bien plus que la fille de Jon Voight ou un autre joli visage. Elle était libre et extravagante *et* elle avait un talent fou.

CHAPITRE 5

L'A PLONGÉE

Il n'existe malheureusement que peu de rôles intéressants pour les femmes et tout spécialement pour les jeunes actrices en début de carrière. Au fur à mesure que des productrices de films se frayaient un chemin dans l'industrie cinématographique, il semble qu'il y ait eu un effort pour corriger ce problème ; cependant, la nature même de l'industrie cinématographique a rendu difficile ce processus. Cela a été dû en grande partie aux investissements énormes qu'exige la production d'un film dans un studio important. Les producteurs essayent souvent de se couvrir en traitant de sujets susceptibles de se vendre au niveau international, telles l'action et l'aventure, ou encore des films dont les acteurs sont des valeurs sûres, comme Tom Cruise ou Harrison Ford.

En conséquence, le choix d'un rôle dans une production indépendante de films au budget modeste s'avère un choix plus sûr et plus facile pour les acteurs de télévision qui veulent faire le saut vers le grand écran. Il y a moins

66

de pression, et si le film fait un fiasco, les retombées sont moins importantes que s'il s'agissait d'une œuvre au budget important qui meurt d'une mort rapide et spectaculaire au box-office.

En 1997, peu d'acteurs de télévision étaient aussi populaires que la vedette de *The X-Files*, David Duchovny, qui se présentait en disant qu'il était une anti-star – un acteur qui méprisait ouvertement les signes extérieurs des grandes célébrités de la télévision. Duchovny, cependant, ne tentait pas d'utiliser sa renommée au petit écran pour faire carrière au grand. Bien que des projets aient été finalisés pour que Gillian Anderson et Duchovny tiennent les rôles vedettes d'un film de la série *The X-Files*, le film *Playing God (Le damné)*, sorti en 1997, a représenté la première occasion pour que Duchovny puisse capitaliser sur ses succès au petit écran grâce à son rôle de Fox Mulder. Cependant, dès le début du filmage, les problèmes se sont présentés, ce qui augurait mal pour le succès cinématographique du film. Deux semaines avant le début de la production, le distributeur original du film, Columbia Pictures, s'est désisté en invoquant des « points de vues différents sur la production » avec la société productrice. Malgré le fait que Touchstone soit intervenu et ait décidé d'assumer la distribution, Duchovny se trouvait encore perturbé par l'expérience. Il a émis le commentaire suivant : « C'est inquiétant parce que l'artiste doit continuer à assumer... "Ai-je signé pour travailler dans un projet foireux"[74] ? »

Malheureusement, lorsque les critiques ont visionné le film, il est devenu évident que la question de Duchovny n'était pas aussi rhétorique qu'elle était prophétique.

Duchovny joue le rôle du docteur Eugene Sands. Il s'agit d'un chirurgien toxicomane qui perd son permis d'exercer la médecine lorsqu'un de ses patients décède sur la table d'opération alors que le praticien se trouve sous l'effet d'amphétamines. Après avoir perdu son permis d'exercer, afin de payer sa consommation de drogues, Sands devient le médecin sur appel d'une organisation criminelle dirigée par un gangster nommé Ray Blossom. Il tombe également amoureux de la petite amie du chef des bandits, Claire, jouée par Angelina Jolie. Il vit cependant une révélation morale, ce qui mène à une fin prévisible.

Duchovny n'a pas aimé la fin du film et il s'est plaint. « À la fin, mon personnage se repent parce que nous sommes dans un film hollywoodien. Je ne désirais pas qu'il se repente ; cependant, je n'étais pas le seul à donner mon opinion[75]. » Malgré son insatisfaction, Duchovny a accepté de faire la tournée des émissions-débats pour soutenir la promotion de *Playing God*. Sa nervosité était visible lorsqu'on lui a demandé lors de l'émission *Today*, chez NBC, quelles étaient les difficultés auxquelles il avait eu à faire face pour se transformer d'acteur de télévision en acteur de cinéma, il a répliqué : « Robert de Niro aurait poursuivi la même carrière, même s'il avait dû commencer par jouer dans *Charles in Charge (Charles s'en charge)*, a rétorqué Duchovny. C'est une question de destin[76]. »

Le film a été une agréable diversion pour Angelina, en partie parce qu'elle y tenait le rôle d'une personne plus adulte qu'elle ne l'avait fait jusque-là. Elle a décrit l'expérience comme ayant été « très rock'n'roll, amusante et bruyante, une expérience où l'on peut dire ce que l'on veut, s'habiller n'importe comment et aimer avec démesure ». « Je me suis vraiment donné la permission d'entrer dans ce monde, a-t-elle ajouté. Étant donné mon âge, il m'arrive quelquefois d'avoir l'impression d'être une jeune punk propulsée sur certains plateaux, mais cette fois-ci je n'ai pas eu cette impression. Je me suis sentie très femme[77]. »

Travailler sur ce film se révéla agréable pour elle, en partie parce qu'il avait été mieux financé que les projets sur lesquels elle avait travaillé jusque-là. « Il a quelquefois été bien difficile de tourner sur certains films produits par des indépendants par manque d'unité dans l'effort, a-t-elle déclaré à Gary Dretzka du *Chicago Tribune*. Vous manquez toujours de temps et il n'y a qu'un seul changement de vêtements. Alors, il faut prendre garde de ne pas les tacher[78]. » Tout ce qu'Angelina devait faire, lors du film *Playing God*, était de rester hors du champ de tir des critiques. Elle a, néanmoins, réussi beaucoup plus que cela, car elle a récolté en plus d'une réputation d'étoile montante. La coréalisatrice du film, Mélanie Green, était la plus grande admiratrice d'Angelina. « Elle est très belle et tout le monde va la réclamer à cor et à cri. Elle possède la sagesse d'une antique devineresse... La grâce et le style d'une femme plus âgée. Lorsque vous la rencontrez, cela vous donne envie de dévoiler toutes les strates composant sa personnalité[79]. »

Cela dit, Green a admis qu'Angelina n'avait pas été l'actrice privilégiée pour ce rôle. « Au début, nous avions estimé qu'Angelina était trop jeune... Elle fut la dernière personne à être vue pour le rôle lors du dernier jour des auditions et elle a été impressionnante », a déclaré Mme Green[80].

Le personnage incarné par Angelina faisait d'elle l'objet de désir sexuel de la part de Sands et de Blossom. Bien que des scènes de sexe aient été filmées avec Angelina et à la fois Sands et Blossom, aucune de celles-ci n'a été conservée lors du montage du film. « Je pense qu'ils ont estimé qu'ils ne pouvaient pas laisser passer une scène sans laisser passer l'autre et ils les ont supprimées toutes les deux, a remarqué Angelina. Travailler avec David était agréable. Je n'avais jamais vu *The X-Files* au moment où j'ai travaillé avec lui et je pense que c'était bien. Il était très gentil[81]. »

Elle allait, par la suite faire les commentaires suivants à Michael Angeli de *Movieline* : « J'ai l'impression qu'ils ont supprimé les scènes de sexe parce qu'ils voulaient faire un film d'action sans bavures. J'ai pensé que le thème du film aurait dû être le désir de deux personnes de se changer mutuellement, comme dans *Pretty Woman*. Les gens adorent l'idée que deux personnes peuvent se changer mutuellement, n'est-ce-pas[82] ? »

Lors du tournage et après celui de *Playing God (Le damné)*, Angelina entretenait une liaison romantique avec Timothy Hutton, bien que les représentants des deux acteurs aient soutenu qu'ils n'étaient que « de bons amis ».

En témoignage des résultats catastrophiques au box-office du film *Playing God*, que l'on appela parfois *Le damné* dans la francophonie, mais qui conserva généralement son titre anglais, et qui ne rapporta que 1,9 million

70

de dollars, des loustics racontèrent que les spectateurs ne se seraient même pas déplacés si la séance de cinéma s'était terminée par une distribution d'argent! Les critiques se sont d'ailleurs surpassés dans les commentaires vicieux en recherchant les moyens les plus colorés pour décrire à quel point le film, selon eux, était un ratage complet.

Jack Matthews, de *Newsday*, s'est demandé : « Normalement lorsque l'on teste une vedette d'une série de télévision réputée et qu'on lui donne le rôle majeur dans un film produit par un studio de renom, les critiques de film lèvent le nez et se demandent : "Peut-il faire le saut ?" En ce qui concerne David Duchovny, la question à se poser serait plutôt : "Peut-il survivre à un tel krach[83] ?" »

Duchovny a écopé de la majeure partie des critiques alors qu'Angelina s'en est tirée indemne. Le critique du *Dallas Morning News*, Philip Wuntch, a déclaré : « La présence morose de Monsieur Duchovny sur le petit écran donne l'impression qu'il ne fait que broyer du noir sur le grand... Madame Jolie, qui ressemble énormément à son père, Jon Voight, répond au stéréotype de la pétasse au visage poupin, mais dotée d'un grand cœur[84]. »

Michael Medved a écrit dans le *New York Post* : « Hutton démolit le rôle avec une telle jubilation qu'il pourrait bien se lancer dans une nouvelle carrière dans le rôle du méchant Terminator de service. Et pour continuer à parler de lancement de carrière, Angelina Jolie, âgée de 21 ans (et fille de la légende de l'écran Jon Voight), fait une excellente impression dans le rôle de la maîtresse languissante et aux longues jambes de Hutton. Avec ses lèvres pulpeuses et son aspect fragile et voyant, elle est presque parfaite dans son rôle d'héroïne de roman noir blessée[85]. »

Pour une raison ou une autre, Angelina avait réussi à être une des vedettes dans un film qui s'était avéré un vrai champ de mines et à s'en tirer indemne. En fait, ses actions avaient grimpé grâce à son jeu qui ressemblait à un tour de passe-passe. Elle allait être reliée pour la dernière fois avec le malheureux *Playing God* lorsqu'elle est allée à une représentation spéciale de cet échec annoncé. La mère de Duchovny ayant refusé de payer pour aller voir le film, son fils loua une salle de cinéma à Time Square. En plus de David sont venus sa mère, sa sœur et son professeur de théâtre, Martha Halfrecht, ainsi que Timothy Hunter et Angelina. Après le visionnement, ils se sont tous rendus dans un bar pour trinquer. Puis Angelina les a quittés discrètement et n'y a plus jamais repensé.

Angelina étant une étoile montante, il était inévitable que l'on se demande si elle allait travailler sur un plateau aux côtés de son père. Voight a paru épouser cette idée. « Nous y avons pensé », a reconnu Angelina lors d'une interview avec le magazine *Empire*. Elle a néanmoins ajouté : « Tout dépendra de la situation. Je sais qu'il aime bien diriger, mais pour quelqu'un qui doit dépendre des directives de son père, la rebelle qui sommeille en moi depuis l'enfance revient immédiatement à la surface avec une attitude d'insoumission[86] ! »

Un des soucis immédiats d'Angelina se trouvait dans la qualité des rôles qui lui étaient offerts. « J'ai reçu bon nombre d'offres de rôles où les personnages étaient des femmes au caractère fort, a-t-elle commenté. J'ai l'impression que ceux qui ont vu le film *Hackers* m'ont offert par la suite des rôles de femmes décidées qui aiment les armes à feu, le genre de filles qui ne portent pas de soutien-gorge et qui s'habillent de chandails sans manches. J'ai envie de jouer les femmes fortes qui restent féminines... » C'est précisément le personnage qu'elle allait interpréter dans *Hell's Kitchen (Urban Jungle)*, qu'elle a décrit comme étant « un rôle de dure à cuire... au cœur tendre ». Pour faire pleurer les âmes sensibles, à la fin du film, elle est enceinte et... heureuse[87].

Une des autres actrices de *Hell's Kitchen (Urban Jungle)* était Rosanna Arquette, qui tenait le rôle de la mère d'Angelina, et Mekhi Phifer celui de Johnny, un jeune à problèmes. Un des complices de Johnny, qui est en même temps le frère de sa petite amie Gloria, est tué pendant un cambriolage. Johnny est arrêté et envoyé en prison où il apprend à boxer. Lorsqu'il est libéré, cinq ans plus tard, il est décidé à ce que sa vie prenne une autre voie en faisant carrière sur le ring. Ses efforts sont toutefois contrecarrés par Gloria qui l'accuse d'être coupable de la mort de son frère. Johnny doit confronter son passé et blanchir son nom avant de pouvoir aller de l'avant.

La prestation d'Angelina s'est une fois de plus élevée au-dessus des autres. Ernest Hardy, du *New York Times*, l'a portée aux nues : « Elle attire sur elle tous les regards avec ses lèvres incroyablement sensuelles, son corps remarquable et sa présence à l'écran. Et, fait encore plus incroyable, une fois qu'elle a attiré votre attention, elle prouve qu'elle est une grande actrice. De plus, elle réussit à apporter à *Hell's Kitchen* un intérêt que le film ne mérite pas toujours[88]. »

On avait l'impression qu'Angelina attendait son heure, en exploitant ses dons naturels jusqu'à ce qu'elle rencontre le bon projet qui lui permette de laisser libre cours à son talent. C'est finalement en 1998 qu'Angelina a trouvé le rôle qui allait faire l'union parfaite entre l'actrice et la matière.

Gia

La silhouette mince d'Angelina était idéale pour le projet suivant, un film controversé de HBO, *Gia*. Ce film était basé sur une pièce de Michael Cristofer, lauréat du prix Pulitzer. Réalisé pour une chaîne de télévision par câble, ce film allait repousser les frontières de la production pour le petit écran et placer l'interprétation exceptionnelle d'Angelina au-devant de la scène. Ce rôle avait vraiment été fait pour elle. En effet, d'une certaine façon, on aurait pu croire qu'Angelina et la vraie Gia, considérée comme l'une des premiers top-modèles américains, étaient deux âmes sœurs – sauf qu'Angelina a décidé d'exorciser ses démons d'une manière moins destructrice que son inspiratrice.

Gia Marie Carangi est née le 30 janvier 1960 à Philadelphie. Elle était la fille du propriétaire d'une sandwicherie dans le quartier sud de Philadelphie. Sa mère a quitté le foyer familial lorsque Gia avait 11 ans, laissant sa fille et ses deux frères à la charge de leur père. Malgré le fait que Gia et sa mère allaient reprendre contact quelques années plus tard, le sentiment d'abandon que Gia a ressenti lorsque sa mère les a délaissés devait la marquer pour le reste de sa vie.

Gia a commencé à être mannequin alors qu'elle était encore adolescente. Elle l'avait été plusieurs fois à Philadelphie et avait travaillé un peu pour Gimbels. À l'âge de dix-sept ans, elle se trouvait en train de danser au DCA, un club pour homosexuelles, lorsque Maurice Tannenbaum, un styliste et plus tard photographe, lui a demandé s'il pouvait la photographier. Lors de la séance de photos, Gia a rencontré une femme qui connaissait Wilhelmina Cooper, un ancien top-modèle propriétaire d'une des meilleures agences de mannequins au monde. Cette femme a donc emmené Gia à New York pour rencontrer Wilhelmina. Elle s'est annoncée à l'agence en sculptant son nom sur le bureau de la réceptionniste avec une lame de rasoir. Malgré cela, Wilhelmina lui a offert un contrat quinze minutes après l'avoir rencontrée.

Gia est retournée à Philadelphie pour réfléchir à l'offre. Sa mère était en faveur, sans doute parce qu'elle avait rêvé de devenir mannequin quand elle était plus jeune. Son père, cependant, émettait des réserves. Gia soupçonnait que l'origine de ses réserves provenait du fait que l'agence désirait qu'elle renonce à son nom de famille et utilise le nom de Gia. Finalement, elle a signé le contrat et a déménagé à Manhattan.

Malgré la confiance qu'elle avait en elle-même, la ville de New York était tout de même un peu intimidante.

« J'avais peur de la métropole, a-t-elle admis un jour. En effet, elle paraissait tellement énorme en comparaison de Philadelphie. Et il y neigeait beaucoup. De plus, je devais prendre beaucoup de taxis et je ne savais même pas comment les héler. Il arrivait que je me perde et c'était vraiment très effrayant[89]. »

À cette époque, la majorité des modèles étaient blonds, des beautés patriciennes aux yeux bleus du genre Christie Brinkley. Gia a apporté au monde de la mode une alternative plus foncée et elle a vite fait les couvertures des magazines *Cosmopolitan* et *Vogue*. À l'époque où elle a participé à sa première campagne publicitaire pour Versace, elle gagnait 100 000 dollars par an. Elle avait dix-huit ans. En 1980, alors qu'elle était devenue la grande vedette de l'agence Wilhelmina Models de New York, elle gagnait cinq fois plus !

Son teint foncé ne l'empêchait pas d'être un mannequin très désirable du fait qu'elle pouvait changer d'apparence, être soit sophistiquée, soit délurée, soit ingénue. Lorsqu'elle ne se trouvait pas prise par des séances de photos, Gia préférait porter des vestes de motard en cuir et des vêtements d'hommes de boutiques spécialisées dans les vêtements de seconde main. Tous dans l'industrie de la mode estimaient que Gia était promise à une longue carrière pleine de succès.

Gia ne possédait pas seulement un visage que tout New York recherchait, elle possédait également un corps de déesse. Bien qu'il lui arrivât de fricoter à l'occasion avec des hommes, Gia était une lesbienne affirmée et sans complexe. Il lui arrivait souvent de faire des avances à d'autres mannequins, tout spécialement lorsqu'elles partageaient la même chambre d'hôtel au cours de séances de photos. Dans la vraie vie, Gia a eu deux grandes histoires d'amour avec deux femmes, dont les personnages ont été mêlés pour composer le personnage du film produit par HBO. « Elle a toujours été comme cela », fut le commentaire d'Angelina qui avait eu accès au journal intime de Gia. La mère de cette dernière a découvert des lettres d'amour qu'elle avait envoyées à des camarades d'école alors qu'elle avait treize ans[90]. »

Étant donné qu'elle était top-modèle, Gia était la bienvenue dans tous les clubs. Il n'a pas fallu de temps pour qu'elle plonge dans le strass et les paillettes de la vie nocturne new-yorkaise, avec ce que cela comportait comme ressources illimitées en stupéfiants. Elle a tout essayé – à un moment ou à un autre – la cocaïne, l'alcool –, mais sa drogue de prédilection fut l'héroïne.

Au début, sa conduite fantasque, qui la conduisait à annuler une séance de photos parce qu'elle n'en avait pas envie, à se plaindre des lumières trop intenses ou encore à arriver en retard régulièrement pour les séances du matin était mise sur le compte de ses caprices de vedette. Il s'est cependant déroulé un incident très révélateur, en particulier à la fin de 1979. Gia a annulé deux semaines complètes de séances de photos sous le prétexte qu'elle n'aimait pas sa coupe de cheveux. Elle s'est enfermée dans son appartement et a refusé de sortir tant que ses cheveux n'eurent pas suffisamment poussé. Ce qui, à l'époque, avait passé pour une conduite excentrique, était en fait le premier signe dans sa descente dans l'enfer des drogues. Il lui arrivait, cependant, en d'autres moments, de paraître tout à fait rationnelle et intuitive. Lorsque sa carrière de mannequin se retrouva dans le caniveau, elle fit la remarque suivante : « Je désire un emploi où je pourrais être loin des feux de la rampe, où je pourrais faire progresser les choses, peut-être le cinéma... Être mannequin est un travail temporaire... à moins que vous ne désiriez avoir l'air de sortir d'une essoreuse lorsque vous atteignez trente ans[91]. »

En 1982, après avoir accédé au plus haut niveau de son emploi, elle paraissait désabusée et lasse de tout. Elle n'avait que vingt-deux ans, mais se sentait comme si elle allait avoir « quatre-vingt-quatre ans » et avait appris qu'avec le succès venait un prix à payer. « On s'attend à ce que les mannequins ne soient jamais déprimés ni fatigués et qu'ils n'aient jamais mal à la tête. Ils doivent être tout le temps en forme[92] ! » avait-elle fait alors remarquer.

Gia allait continuer à écouter un démon qui devait la poursuivre : son désir d'être appréciée pour davantage que sa beauté physique. « Vous savez, je remercie Dieu d'être belle ou du moins de donner aux gens l'impression que je le suis. Mais il existe des choses plus importantes que le maquillage, la beauté et tous ces flaflas. Tout ce que je désire est de m'aimer lorsque je me regarde dans le miroir, c'est tout. Et si je m'aime, alors je suis belle[93]. »

Cependant, la réalité était telle que l'on exigeait que les mannequins maintiennent une certaine apparence physique. Afin de conserver un poids de 54,5 kg pour une taille de 1,72 m, Gia se nourrissait presque exclusivement de fruits et de noix, jeûnait et suivait des régimes à base de jus. Le temps passant, sa dépendance à la drogue prenait de plus en plus d'importance. Le décès de Wilhelmina d'un cancer des poumons, en 1980, a été une perte dont elle n'allait jamais se remettre émotionnellement parlant. Janice Dickinson, un ancien mannequin qui travaillait avec Gia, se souvient : « Gia était arrivée avec deux heures de retard pour une séance de photos, raconte-t-elle. Ensuite, la maquilleuse a eu besoin de trois heures pour la rendre présentable. Et puis, elle s'est évanouie et est tombée le visage contre terre, ce qui a abimé tout son maquillage. Gia faisait tout le temps de pareilles choses. Nous étions toutes vraiment insupportables à l'époque[94]. »

Au fur et à mesure que sa dépendance à l'héroïne augmentait, la conduite de Gia n'est pas seulement devenue de plus en plus imprévisible, elle est devenue violente, ce qui la conduisit, par exemple, un jour à se projeter à travers le pare-brise d'une voiture lorsqu'elle a découvert qu'une de ses maitresses se trouvait dans le véhicule avec un homme[95]. Gia avait également une très grande fascination pour les couteaux et elle les brandissait dès qu'elle se sentait offensée par quelqu'un[96]. Ses bras et ses mains étaient constellés de marques d'aiguilles révélatrices et de plaies typiques aux personnes « sous influence ». Le réputé photographe Francesco Scavullo, un de ses premiers mentors, a continué à l'engager, car il espérait que le travail lui ferait changer de chemin. Cela n'a pas été le cas et la carrière de Gia s'est effondrée. La couverture qu'elle a faite pour le *Cosmopolitan* fut sa dernière. Elle allait par la suite trouver du travail comme vendeuse de jeans dans un centre commercial de Pennsylvanie. Bien qu'elle ait finalement arrêté de se droguer, son corps s'affaiblissait. En 1986, après avoir été exclue du monde des mannequins et alors qu'elle vivait dans un hôtel subventionné pour les personnes vivant de l'aide sociale, après avoir été agressée et violée, elle a su qu'elle avait le SIDA. Gia est morte le 18 novembre 1986 à 10 heures du matin. Elle était une des premières femmes aux États-Unis à mourir des complications liées au SIDA.

Et maintenant, le travail d'Angelina était de redonner une forme de vie à la malheureuse.

CHAPITRE 6

UNE ÉTOILE EST NÉE

Les Studios Paramount s'étaient réservé, peu après sa publication, en 1993, les droits d'une biographie captivante de Stephen Fried, *Things of Beauty: The Tragedy of Supermodel Gia* – l'histoire tragique d'un mannequin vedette. Pour décrire honnêtement le drame de cette personne, il était nécessaire de mentionner les croustillantes aventures lesbiennes de l'héroïne, son accoutumance aux stupéfiants ainsi que sa vie plutôt violente, des sujets que les grands studios ne voulaient pas toucher, même avec des pincettes. Toutefois, en février 1997, les studios HBO Pictures annoncèrent qu'ils avaient l'intention de faire un film de deux heures sur Gia, selon un scénario écrit par Michael Cristofer, un écrivain qui a reçu les prix Pulitzer et Tony.

John Matoian, président de HBO Pictures à l'époque, était d'avis que ses studios devaient se distinguer de ceux qui faisaient des séries télévisées. « Il n'y a pas à tortiller, expliqua-t-il. Il faut que nous traitions le sujet de manière originale, mais ce qui me plaît dans Gia, c'est qu'il s'agit d'un sujet délicat qui égratigne quelque peu les rapports entre femmes – ce qui n'est pas dans les habitudes de la maison ni dans celles de son auditoire[97]. »

Le film *Gia* devait d'abord survivre à son propre tournage. En épluchant les listes d'artistes, Cristofer et le réalisateur Marvin Worth s'aperçurent vite qu'ils devaient découvrir une actrice possédant non seulement quelques similitudes avec Gia, mais qui était capable de reproduire de façon crédible la personnalité du mannequin tragique. Plus de 200 actrices auditionnèrent pour ce rôle, y compris Angelina qui, curieusement, ne fit pas preuve d'un enthousiasme débordant à l'idée de jouer ce rôle. « Ça me rendait dingue d'interpréter aussi ouvertement les mésaventures de cette fille. Je ne voulais pas m'emberlificoter dans cette histoire un peu trop lourde pour moi et qui traitait d'une foule de sujets complexes. Si je me plantais, cela aurait mal tourné, j'aurais eu des mots et, en fin de compte, cela aurait été exploité au max[98]. »

Cristofer décida de retenir Angelina après avoir estimé qu'elle possédait certaines des caractéristiques de Gia. « Angelina est probablement aussi aventureuse que Gia, même si elle ne se laisse pas dominer par toutes ses impulsions, déclara diplomatiquement Cristofer. Elle possède également une qualité que Gia était censée avoir : une omniprésente innocence, une vulnérabilité essentielle à la trame de l'histoire. Interprétée par une autre actrice qu'Angelina, je pense que Gia serait le genre de typesse que l'on fuirait en quatrième vitesse si d'aventure on la rencontrait[99]. »

Mais Angelina n'était toujours pas sûre d'accepter le rôle. « Je m'identifiais à bien des aspects de cette histoire et, par conséquent, ne tenais pas à y toucher. Gia avait été physiquement et mentalement violée, et son amour pour les femmes la consumait littéralement[100]. » De plus, Angelina s'identifiait à la lutte que Gia menait pour se découvrir ainsi qu'à la douleur que les gens éprouvaient en ne comprenant pas son genre de folie particulier[101].

En fin de compte, elle releva le défi. « Il existait suffisamment de similitudes entre Gia et moi pour que je me dise que ce rôle pouvait fort bien exorciser mes démons intérieurs ou me foutre en l'air, estima-t-elle. Je déteste l'héroïne, car elle m'a déjà fascinée. Je n'y suis pas immunisée, mais je n'y toucherai aucunement, car j'ai trouvé dans mon boulot l'euphorie que certains trouvent dans la drogue. Et c'est probablement parce que j'étais prête à refuser ce rôle, par peur des séquelles, que les réalisateurs ont décidé que j'étais faite pour l'interpréter[102]. »

Angelina fit la connaissance de Gia grâce à une interview datant de 1983, que le mannequin avait donnée et au cours de laquelle, complètement droguée, elle insistait lourdement pour dire qu'elle n'avait pas consommé de substances illicites. « Je l'ai d'abord détestée, dit Angelina. Je ne croyais pas un mot de ce qu'elle racontait et elle faisait peine à voir. Une vraie épave… » Puis, après avoir regardé d'autres enregistrements de Gia, Angelina rectifia son opinion. « Elle parlait et était elle-même. Une brave fille de Philadelphie, une nana dans le coup, drôle, fonceuse. J'en suis tombée amoureuse, affirme Angelina. Je pense qu'au fond c'était une bonne personne qui voulait simplement qu'on l'aime. Elle avait bon cœur et un vif sens de l'humour. Tout ce qu'elle voulait, c'était rigoler un peu plus[103]. »

La distribution comptait également Faye Dunaway dans le rôle de Wilhelmina, Mercedes Ruehl dans celui de la mère de Gia et Elizabeth Mitchell dans celui de Linda, la maîtresse de Gia. Cristofer avait choisi Mme Mitchell parmi 200 actrices après l'avoir vue jouer à Broadway dans une pièce d'Edward Albee, *Three Tall Women (Trois grandes femmes)*.

Même s'il existe encore des artistes qui s'inquiètent du fait que jouer un rôle d'homosexuel puisse être susceptible d'affecter leur carrière de manière négative, Mme Mitchell dévoile s'être beaucoup amusée à jouer l'amante d'Angelina Jolie. « Lorsque nous avons interprété cette scène d'amour au lit, nous avons toutes deux été prises d'un tel fou rire que le lit a failli s'effondrer. Le metteur en scène hurlait : "Coupez ! Arrêtez, voulez-vous ?" » Elizabeth Mitchell pense qu'Angelina possède une vraie présence et qu'elle n'a pas besoin de passer sous le bistouri du chirurgien plastique pour être elle-même. « C'est une force de la nature, une véritable conflagration[104] », dit-elle.

Angelina n'était aucunement gênée par les scènes d'amour. Elle déclara d'ailleurs à ce propos : « Les gens me demandent comment je m'arrange pour coucher avec une femme. Je réponds alors que c'était très bien, qu'elle était belle, et je leur dis : "Où est le problème ?" » Elle minimise l'apparence de telle ou telle personne. « Le physique n'a pas d'importance. Je ne regarde pas si les femmes ou les hommes sont blancs ou noirs, ou encore s'ils sont handicapés ; je ne vois en eux que la personne, son aura, son énergie[106]. »

Plus Angelina incarnait son personnage, mieux elle comprenait Gia. Elle croit que l'événement clé dans la vie de l'infortuné mannequin fut d'être abandonnée par sa mère et que l'utilisation de stupéfiants, sa relation étroite avec Wilhelmina et, du moins partiellement, son attirance pour les femmes, provenaient de son éternel désir de combler le vide causé par le départ de sa mère.

Le filmage constitua une expérience épuisante pour Angelina, même si elle se révéla également cathartique. « Je me suis beaucoup identifiée à Gia, explique Angelina, car il s'agit du personnage qui me ressemble le plus parmi tous ceux que j'ai interprétés. Mais, curieusement, Gia m'a permis de ne jamais être comme elle. Je suis en effet capable de m'en sortir alors que ce n'était pas son cas[107]. »

La covedette du film, Mercedes Ruehl, raconte que durant le tournage la courtoisie d'Angelina ne fut jamais prise en défaut. Elle était toujours à temps, toujours prête à tourner une scène chargée d'émotion. « Il n'y a pas d'actrice capable de tourner ainsi, prise après prise, sans posséder un sérieux acquis cinématographique[108] », remarque-t-elle.

Les scènes les plus pénibles pour Angelina et l'équipe furent celles de la fin de Gia, alors qu'elle souffrait des séquelles du sarcome de Kaposi et que son corps était couvert de lésions purulentes. Angelina pense que Gia a finalement trouvé la paix à l'approche de la mort. Pour sa part, Stephen Fried, le biographe de Gia, ne voit pas de conclusion très optimiste dans la fin de l'existence de son héroïne. Toutefois, il est d'avis qu'elle n'était pas simplement un mannequin éprouvant des difficultés existentielles. « Cette fille n'est pas retournée en Oklahoma pour mener un genre de vie différent. Elle est morte, fait-il remarquer. Tout le monde pense que le pire qui puisse arriver à votre adolescente, partie pour New York pour faire une carrière de mannequin, est de ne pas pouvoir décrocher de contrats. Eh bien, le pire est justement ce qui est arrivé à Gia[109]... »

Angelina venait tout juste de recevoir son Golden Globe pour *George Wallace* lorsque HBO présenta la première de *Gia*. Il est clair qu'Angelina pouvait se considérer dorénavant comme une star accomplie. Dans *USA Today*, Ed Martin nota : « Jolie est éblouissante dans le rôle de la beauté condamnée... Son jeu est un mélange consistant de volonté de fer et de vulnérabilité paralysante. Jolie fait ressortir les véritables raisons de l'éventuelle autodestruction de Gia : l'exquise douleur des relations difficultueuses entre elle et sa mère Kathleen, trop occupée par ses petites affaires, et son amour lesbien trop souvent absent... On ne saurait demeurer indifférent à *Gia* ; il est difficile d'oublier cette figure tragique ainsi que la femme qui la ramène brièvement à la vie[110]. »

Don Heckman, le critique du *Los Angeles Times*, ne tarissait pas d'éloges. « Dans un rôle qui la transporte dans les hauts et les bas des émotions, des obsessions et de la dépendance aux stupéfiants, Jolie se montre constamment convaincante. Elle est le genre de comédienne dont l'énergie devient le point de focalisation de chaque scène dans laquelle elle apparaît... Comme son personnage, elle est capable d'aller droit au cœur du drame, au-delà des phrases à l'emporte-pièce et des artifices[111]. »

Michelle Greppi, du *New York Post*, notait pour sa part : « Malgré tout le respect que nous devons aux scénaristes, aux producteurs, au metteur en scène et aux dirigeants de HBO, la plus grande partie des compliments pour ce film doit s'adresser à Angelina Jolie. C'est sans hésitations, peut-être même avec témérité qu'elle donne vie à chaque seconde de cette œuvre. Chaque mouvement, chaque silence, chaque gros sanglot est un défi, exigeant de chaque personne qui l'entoure de se montrer à la hauteur. Le résultat est inoubliable[112]. »

Au bout du compte, après avoir ressenti initialement un sentiment de répulsion contre Gia Carangi, Angelina se sentit comme séduite par cette femme. « J'aurais aimé pouvoir lui donner rendez-vous, avait-elle dit à l'époque. J'aurais voulu pouvoir être son amante. Dans ses photos, simplement en traînant sa lassitude, avec son sourire de Joconde, dans sa veste de cuir elle avait l'air sauvage et pervers. Lorsqu'elle se meut en toute liberté et qu'elle est elle-même, elle est incroyable ; ç'est tout le drame de cette histoire. Vous vous dites : "Mon Dieu... Elle n'avait pas besoin de drogues – elle-même en était une[113] !" »

Retombées

Au moment où sa carrière semblait permettre les plus grands espoirs, Angelina pensa à tout abandonner. En recherchant des rôles complexes et porteurs, les comédiens risquent parfois de libérer des émotions noires et ambiguës. Dans les mois qui suivirent le tournage de *Gia*, Angelina se retrouva à la dérive. « J'étais à un moment de ma vie où j'avais tout ce que je pouvais désirer pour être heureuse, mais je me sentais plus vide que jamais, déclara-t-elle alors.

88

J'avais la trouille de me retrouver comme Gia. Il me fallait foutre le camp et me ressaisir[114]. »

Ce mal-être survint lorsqu'elle visionna *Midnight Cowboy*, un film qu'elle devait revoir à l'occasion du 25ᵉ anniversaire de celui-ci. « Lorsqu'on voit ses parents remplis d'un certain bien-être, rayonnants, en pleine jeunesse, on ne peut que se sentir émue, commenta-t-elle à cette époque. En ce qui me concerne, je me sens déjà dépassée par tout cela ; je me sens mal à l'aise en envisageant la vie avec l'espérance qui les caractérisait. Profiter simplement de la vie est pour moi un pensum[115]... »

Il est possible que l'une des raisons de ce malaise ait été le fait qu'elle se retrouvait compartimentée par Hollywood et les médias. Après avoir interprété le rôle de Gia, une femme qui avait été étiquetée par le petit monde de la mode, Angelina commença à comparer sa propre situation et découvrit que cela la dérangeait. « Ce qui est ennuyeux avec ce type de business, c'est qu'ils vous cataloguent dans un rôle, fit-elle alors remarquer à Christine James, du magazine *Box office*. Et ils aiment vous répéter : "Vous êtes le personnage sombre, le personnage sexy, ou encore la mère de famille et vous ne pouvez être rien d'autre..." Il faut simplement lutter en permanence contre de telles aberrations[116]. »

Elle explique que pendant la promotion de *Gia*, lorsqu'elle rentrait chez elle, elle remettait en question ses relations, son mariage, peut-être même sa maternité. Elle se demandait si elle serait un jour une femme « accomplie[117] ». Elle imputait à *Gia* la raison de ses angoisses. « Je me suis retrouvée exposée au même titre que quelqu'un qui avait fait les manchettes. Je me sentais abattue, ne me considérais pas comme une personne honorable, plutôt comme une mauvaise fille[118]. » Pour corser le tout, le tournage de *Gia* avait coïncidé avec la fin de son union avec Jonny Miller.

Sa séparation d'avec Miller, combinée avec le malaise qu'elle ressentait à la suite du tournage de *Gia*, avait complètement déboussolé Angelina qui décida de laisser tomber le métier, du moins temporairement. Elle déménagea à Londres et, dans l'espoir de se réinventer et de repartir à zéro, s'inscrivit ensuite à l'école de cinéma de l'Université de New York. « C'était très bien pour moi que de m'éloigner de *Gia*, de ne plus être sous les projecteurs, de ne pas avoir sa chaise sur un plateau. Personne ne m'apportait de cappuccino le matin. Soudainement, je me retrouvais dans le métro avec un sac à dos, et personne ne faisait attention à moi[119]. »

Se retrouver seule à New York fut souvent une expérience angoissante et, après les six mois d'exil qu'elle s'était imposés, Angelina réévalua la situation et en conclut qu'après tout, sa vie antérieure n'était pas si triste que cela. Cette révélation fut pour elle une croisée des chemins émotionnelle. « C'est à partir de là que j'ai vraiment apprécié mon métier et que je me suis rouverte à la vie, que je ne considérais plus les gens comme des menaces potentielles. Au lieu de me laisser assujettir par les cinéastes, je commençai à m'exprimer plus personnellement dans mes films[120] », expliqua-t-elle.

Afin de décrire la vie au grand écran, elle en vint à la conclusion qu'elle devait vivre véritablement sa propre vie.

90

C'est vers cette époque qu'elle rappela ceci à un journaliste : « Il faut que j'apprenne à me détendre et à ne pas trop me préparer, à profiter de la vie. Je remarque que mes personnages vont au restaurant, s'amusent, font des voyages fascinants, mais malheureusement je passe trop de temps par procuration sur leur histoire et n'ai pas vraiment de vie personnelle. Il faut que je me souvienne de remplir les pages du petit calepin me concernant[121]. »

Durant sa retraite temporaire, elle s'était également demandé si elle devait changer d'attitude envers les médias. Dans un long portrait, brossé par John H. Richardson dans *Esquire*, Angelina révéla que son père désapprouvait la manière dont elle mettait son âme à nu lorsqu'on l'interviewait[122].

Malgré cela, elle ne prit pas les conseils de son père à la lettre. « J'ai essayé de lui expliquer que lorsqu'il avait mon âge, la presse était quelque peu différente d'aujourd'hui. De plus, il ne peut pas se mettre dans la peau d'une jeune femme, expliqua-t-elle. Alors, il peut toujours me donner des conseils, mais les journalistes lui demandent volontiers ce qu'il pense de la situation en Irlande, du statut des Amérindiens ou de son travail. Ils ne m'interrogent jamais sur de tels sujets[123]. » À la place, les potiniers demandent à Angelina si elle a déjà couché avec une femme. Elle ne se laisse pas démonter, d'ailleurs, et leur répond : « Je pense que j'ai eu raison de partager ce genre d'expérience ; je pense que c'était formidable. Je ne vois pas ce qu'il y a de si scabreux là-dedans[124]... »

Son intention était de partager les leçons de vie qu'elle avait apprises. « Si je choisis de parler de quelque chose que j'ai fait quand j'avais 14 ans, même si j'en porte encore les cicatrices, je n'hésite pas à en parler, car cela m'a enseigné quelque chose. Et si je choisis de parler de ma relation avec une femme, j'en parle parce que c'est un contact qui m'a permis d'apprendre quelque chose, et c'est très bien ainsi. Mais ils veulent seulement vendre leur feuille de chou. Ils se contentent de rester dans le superficiel et de tartiner là-dessus, ce qui me met en rage parce qu'en fin de compte personne n'apprend rien[125]... »

Angelina admet que, quelquefois, l'artiste peut-être trop occupé à apprendre. Elle avoue parfois lutter pour être simplement elle-même et se surprend à analyser les réactions émotionnelles des gens au lieu de leur procurer le confort dont ils ont besoin[126].

Faire preuve d'ouverture d'esprit constitue pour Angelina une forme de thérapie ainsi qu'une facette promotionnelle de son métier. Cela a permis aux gens d'en savoir davantage sur elle et a provoqué de constantes spéculations sur sa vie sexuelle. Le plus drôle dans tout cela, fait-elle remarquer, c'est que si elle a mené une vie sexuelle plutôt aventureuse, elle n'a jamais plongé dans le sulfureux débridé. Lorsqu'elle a épousé Jonny Miller, il s'agissait du deuxième homme avec qui elle avait eu des relations intimes. Même si elle se considère comme étant très sexuelle, elle se dit monogame de nature.

Bien que monogame, elle est toutefois fort peu coincée. Lorsque les Rolling Stones lui demandèrent de paraître dans leur vidéo musicale *Anybody Seen My Baby?* elle exposa davantage que son amour de la musique rock puisqu'elle n'hésita pas à se dévêtir devant la caméra[127].

92

Angelina aborda son prochain projet avec la même décontraction. Son congé sabbatique new-yorkais derrière elle, elle reprit le collier avec un regard sur la vie qui semblait plus ferme, plus focalisé et, d'une certaine façon, plus ludique. Ainsi, dans la comédie romantique *Playing by Heart*, elle jouait le rôle d'une jeune femme nommée Joan, qui a tellement besoin d'amour qu'elle s'arrange pour se faire voler sa voiture de manière à passer plus de temps avec son amoureux. Angelina adorait montrer son côté foufou. « Joan est folle à lier et si différente de moi... dit-elle. Je ne me suis pas identifiée à ce rôle, mais, par la suite, je me suis aperçue qu'il me plaisait. Je me sentais fort aise de déconner pour faire rigoler le public[128]. »

Elle décrit son personnage dans *Playing by Heart* comme étant « extrêmement extraverti, dénué de côtés sombres, très positif et avide d'amour ». « En ce qui me concerne, je ne suis pas naturellement comme Joan, mais cela ne m'ennuie pas, dit-elle. J'ai éprouvé des difficultés pour trouver ce rythme en moi, mais je l'ai tout de même découvert. Joan est débordante d'espoir... Cela m'a permis de comprendre une certaine facette de ma personnalité et je tenais à relever le défi[129]. »

Playing by Heart apporta à Angelina son lot de louanges, et nombreux furent les médias qui l'étiquetèrent comme étant la prochaine Ultime Révélation. Elle prit toutefois ces déclarations médiatiques avec un grain de sel afin de ne pas être victime de ces dithyrambes et s'arrangea pour déboulonner la statue qu'on lui érigeait. « Je suis une personne très imparfaite. Ainsi, en me levant ce matin je me suis arrangée pour briser mon téléphone en trébuchant[130]... »

Bien qu'elle se montrât toujours charmante lors des premières et d'autres événements médiatiques, cette attention particulière provoqua certains différends avec son père. Même si ce dernier parlait volontiers de sa fille à chaque interview où l'on évoquait cette dernière, Angelina décida de ne pas inclure ce membre de sa famille dans sa vie publique[131]. Elle expliqua que les relations avec nos parents se modifient en vieillissant et qu'il serait malsain de livrer en pâture aux gens les rapports qu'une fille peut entretenir avec sa famille. Elle souligna son attachement pour son père et son admiration pour lui sur le plan professionnel, mais fit remarquer que le succès d'Angelina Jolie devrait être mesuré à l'aune des mérites intrinsèques de l'intéressée[132].

Portée par son assurance professionnelle et personnelle, Angelina se sentit prête à relever d'autres défis et à exploiter la créativité qui pouvait en résulter. En effet, dans l'année qui allait suivre, la carrière d'Angelina devait passer en vitesse surmultipliée.

CHAPITRE 7

À LA RENCONTRE DE SA VOIE

L'or s'est retrouvé une fois de plus sur la route d'Angelina, en janvier 1999, lorsqu'elle a remporté son deuxième Golden Globe pour son travail dans *Gia*. Angelina, qui était accompagnée de son futur ex-mari Jonny Miller et de son frère James Haven lors de la cérémonie, avait promis de faire quelque chose de fou et d'excentrique si jamais elle gagnait. Étant donné que la soirée avait lieu au Beverly Hilton Hotel, elle savait exactement ce qu'elle allait faire. À l'adolescence, elle et quelques amies avaient été mises à la porte de l'hôtel parce qu'elles avaient sauté dans la piscine avec leurs vêtements. Une fois la cérémonie terminée, Miller en premier, Haven en second et finalement Angelina ont sauté dans la piscine. Dégoulinante et exhibant un grand sourire, en sortant de l'eau, Angelina s'est laissée photographier avec plaisir par les photographes dans sa robe longue signée Randolph Duke, ornée de perles.

Angelina a déclaré que c'était ainsi que l'on devait célébrer la cérémonie des Awards. « Je trouve cela curieux que personne ne saute dans la piscine, car il s'agit d'une nuit vraiment particulière. J'ai toujours été surprise que, lors de ce genre de cérémonies où se retrouvent tant de gens ordinairement peu inhibés et libres d'esprit, tout le monde ait l'air si sérieux, si soumis à ce qui se passe », a-t-elle remarqué[133]. »

Le film suivant à l'horizon dans la carrière d'Angelina en fut un dont le sujet portait sur les contrôleurs aériens. Il allait non seulement contribuer à l'envol de la carrière d'Angelina, mais aussi faire monter en flèche sa vie personnelle. Tout comme de nombreux films, *Pushing Tin (Les aiguilleurs)* a eu comme point de départ un article dans une revue. En 1996, le *New York Times Sunday Magazine* a en effet publié un article, rédigé par Darcy Frey, qui s'intitulait *Something's Got to Give*. Le sujet de l'article était un coup d'œil inquisiteur dans les coulisses du travail du centre de contrôle de radar des aéroports de New York, le New York Terminal Approach Radar Control (TRACON). L'auteur brossait par la même occasion le portrait de plusieurs aiguilleurs du ciel.

Le producteur d'Hollywood Art Linson n'a pas perdu de temps pour acheter les droits de l'histoire après avoir lu l'article. « Après cela, j'ai immédiatement pensé qu'il s'agirait d'un excellent sujet », a déclaré Linson. L'article de Darcy était à la fois drôle, sérieux et très original. Il a saisi la juxtaposition des risques dramatiques impliqués par le travail de ces hommes et l'énergie comique de leurs vies personnelles. Il a introduit les lecteurs à un étrange

1. Angelina Jolie en Christine Collins pendant le tournage du film *Changeling (L'échange)*, sorti en 2008.

2. L'acteur Jon Voight, le père d'Angelina Jolie, à la cérémonie des Oscars de 1988. Une jeune Angelina de 13 ans peut être aperçue derrière son épaule droite.

3. « Ambassadrice de bonne volonté » des Nations Unies. Kris Janowski, le porte-parole du Haut-commissariat des Nations Unies pour les réfugiés, déclara que l'actrice était le genre de personne capable de faire passer le message de son organisme aux jeunes gens.

4. En conférence de presse pour plaider avec le sénat américain en faveur d'une réforme du traitement réservé aux enfants réfugiés.

5. En compagnie de Brad Pitt et de Kofi Annan, secrétaire général des Nations Unies, lors de la réunion annuelle du Forum économique mondial, en 2006.

6. « Marquée à vie… » Angelina Jolie fait voir ses tatouages, tous symboliques de quelque chose qui a beaucoup d'importance à ses yeux, lors de la grande première du film *A Mighty Heart (Un cœur invaincu)*, le 12 juin 2007.

Photo : Chris Natt

7. Angelina Jolie avec Brad Pitt à Cannes, en 2007. Ce ne sera qu'après la naissance de leur fille Shiloh qu'Angelina finira par parler publiquement des premiers moments de leur relation, qui avait commencé lors de la pré-production de *Mr. And Mrs. Smith,* au début de 2004.

8. Angelina n'accorde pas trop d'importance à l'attention qu'on lui porte. « Vous participez à deux bons films et ils collent votre tête sur la couverture de tous les magazines », remarque-t-elle. « Les gens parlent de vous ; ce battage publicitaire remonte jusqu'aux studios et ils décident qu'ils peuvent exploiter votre soudaine célébrité. Cela ne signifie pas que je suis à l'heure actuelle meilleure actrice que je l'étais quand ils ne me voulaient pas pour leurs films. »

Photo : Chris Natt

9. Angelina Jolie possède un charme exotique qui défie les canons de la beauté classique tels que définis par Hollywood.

Photo : Georges Biard

univers, un monde qui n'avait jamais été montré au cinéma jusque-là[134]. »

Linson a engagé les frères Glen et Les Charles, qui avaient écrit le scénario et produit le film *Taxi* en plus de participer à la production de *Cheers*, pour collaborer à la transformation de l'article en un script. Celui-ci allait être connu, par la suite, sous le nom de *Pushing Tin* (que l'on intitula « *Les aiguilleurs* » en français, ce qui ne traduisait pas le sens anglais de « responsables du mouvement des *tas de tôle*, comme les gens du métier appellent ironiquement les avions). Ce scénario terminé, Linson et Laura Ziskin, le président de Fox 2000 Pictures, l'ont présenté au producteur britannique Mike Newell, bien connu à l'époque pour la production de *Four Weddings and a Funeral (Quatre mariages et un enterrement)*. Newell venait de terminer, à cette époque, le film *Donnie Brasco*, inspiré de l'histoire véridique d'un agent infiltré dans la mafia, avec Al Pacino et Johny Depp. Or, le producteur désirait faire une pause pour récupérer.

« J'étais fatigué, se rappelle Newell, et je n'étais absolument pas certain de vouloir entreprendre un autre travail. Cependant, j'ai jeté un coup d'œil au script et travaillé un peu avec Glen et Les, et je suis totalement tombé amoureux d'eux. Ils ont tous les deux un esprit inventif et réceptif. Ils sont vraiment brillants et ce sont des rédacteurs extraordinaires. J'ai tellement éprouvé de plaisir à travailler en leur compagnie que mon engagement dans le projet s'est fait tout seul[135]. »

Newell estime que le sujet du film traite beaucoup plus des débâcles personnelles que des accidents d'avion. Newell décrit les contrôleurs aériens comme étant des « machos, dominateurs et messianiques » travaillant dans un environnement extrêmement dangereux[136]. Les écrasantes responsabilités du travail d'un contrôleur aérien peuvent être considérées comme une maladie contagieuse : « Cela commence par envahir tous les aspects de leur vie, leur emploi a des répercussions sur leur santé, sur leur mariage et leur état d'esprit. Ces hommes sont à la fois obsédés et terrifiés par leur travail. Ils doivent découvrir une grande variété de routes de secours au point de vue émotionnel et psychologique. Les retombées de tout ce stress se retrouvent là où le drame, l'humour macabre et le conte moral se trouvent réunis dans cette histoire[137]. »

Le thème principal du film est la rivalité qui règne entre deux contrôleurs géniaux, Nick Falzone et Russel Bell, interprétés par John Cusack et Billy Bob Thornton. Alors que le film s'articule autour du conflit entre Russel et Nick, le réalisateur pense que les interprétations d'Angelina et de Cate Blanchett dans les rôles des femmes des contrôleurs, Mary Bell et Connie Falzone, sont le ciment qui a donné une unité à cette histoire.

Newell décrit Angelina comme étant, « un être extraordinaire ressemblant à une orchidée vénéneuse qui n'a pas encore été découverte. Elle possède cet air de méchante petite fille battue qu'elle donne au personnage. Elle avait été laissé libre de remplir les vides laissés dans le script. Elle est une femme courageuse et intrépide. Je n'arrêtais pas de vérifier son âge en me disant : "Est-elle vraiment aussi jeune que cela pour être aussi capable[138] ?" »

Le personnage joué par Angelina, Mary, qui rompt presque son mariage avec Nick, est une mauvaise fille dans tous les sens du terme. Elle est sensuelle, boit trop et couchaille avec n'importe qui.

Le réalisateur avait comme intention de faire du personnage de Mary quelqu'un de « cool », Angelina la trouve plutôt « pathétique[139] ».

À cette époque, Angelina comme Cate Blanchett étaient toutes les deux sensationnelles. Cate avait été en nomination pour son rôle dans le film *Elizabeth* et Angélina avait accumulé les trophées l'année précédente pour les films *George Wallace* et *Gia*. Les deux actrices ont été d'accord pour dire que l'attraction qu'elles avaient ressentie envers *Pushing Tin* était, en grande partie, due à Newell, que Blanchet a décrit comme étant un réalisateur fantastique qui comprend comment conserver l'harmonie entre l'humour et le pathos[140].

Dans le rôle de Mary Bell, Angelina devait se mesurer sur la scène à Billy Bob Thornton, dont le statut au sein de la communauté cinématographique avait grimpé au cours des années précédentes. Il a été mis en nomination comme meilleur acteur dans un second rôle pour son travail dans *A Simple Plan (Un plan si simple)*. Au cours de la même année, il a également reçu un trophée du Los Angeles Film Critics et du Broadcast Film Critics pour son second rôle dans *Primary Colors (Un candidat face à son destin)*. Toutefois, c'est le film *Sling Blade (La justice au cœur)*, acclamé par les critiques, qu'il avait lui-même dirigé et dont il était la vedette qui fait connaître Thornton à Hollywood. Il a été gratifié pour son travail d'un Oscar pour le meilleur scénario et d'un Academy Award pour le meilleur acteur. Toute cette visibilité n'a pas vraiment aidé son image publique. Il disait, à cette époque : « Je pense encore que les gens me dévisagent parce qu'ils s'imaginent que je vais les dévaliser ou quelque chose comme cela... Lorsque je me trouve dans une queue à attendre mon tour pour acheter un café et que quelqu'un me dévisage et vient me demander un autographe, je pense alors : "Merci mon Dieu... Ce n'est donc que cela[141] !" »

Les *Aiguilleurs* commencent avec cette raillerie : « Vous faites atterrir un million d'avions et ensuite il arrive un incident en plein ciel et l'histoire prend des proportions incommensurables... » Le film est construit, intentionnellement, comme un ancien western. Nick « The Zone » Falzone est le supercontrôleur aérien dont la confiance se trouve sapée par l'arrivée d'un nouveau collège venant de l'Ouest. Chaque rencontre entre Nick et Russel devient une compétition qui, lentement, érode les fondations de la vie de Falzone.

Selon Newell, la confrontation des deux personnages, exigée par le scénario déborda du plateau. S'expliquant, il confia : « Il régnait une rivalité terrible pour savoir qui serait le meilleur, qui dirait le mieux son texte ou prendrait la pose la plus avantageuse. Les interprètes se battaient constamment pour être en vedette. Ainsi, lors d'une scène où le scénario exigeait que Russel perde une partie de basket-ball à l'avantage de Nick, rien n'alla plus lorsque les caméras se mirent à tourner, car Thornton refusa de faire semblant de perdre[142] ! »

En ce qui concerne Angelina, le film s'est avéré une source de plaisirs et son expérience de tournage la plus amusante jusque-là. « J'ai commencé à travailler sur le film tout de suite après être sortie de ma période sombre, a-t-elle déclaré. Le tournage m'a vraiment rendue heureuse. J'ai adoré mon personnage, et tous ceux qui travaillaient sur le plateau étaient vraiment amusants. Je comprends très bien le sujet du film qui traite de démons personnels et de la peur… Si je n'avais pas déjà réussi à chasser certains de mes propres démons, je pense que je ne me serais jamais sentie aussi sûre de moi et heureuse comme je l'ai été en travaillant dans *Les aiguilleurs*[143]. »

Cependant, indépendamment du fait que le film ait été monté avec intelligence, *Les aiguilleurs* ne pouvait pas entrer dans une quelconque classification. Il ne s'agissait pas d'une vraie comédie ni d'un film traitant de relations humaines. Il ne s'articulait pas vraiment autour de l'histoire de deux amis, pas plus qu'il ne s'agissait d'un film de série noire, malgré le fait que le réalisateur aime à penser que c'en était un. Malheureusement, les critiques n'ont pas aimé cet aspect du film. En dépit de tout cela, Angelina a fait une fois de plus la preuve qu'elle était totalement imperméable aux critiques négatives. « Il s'agit du premier rôle vraiment important pour Angelina Jolie, a déclaré Owen Gleiberman du magazine *Entertainment Weekly*. « Il est déjà évident qu'elle possède quelque chose de particulier ; elle est une bombe sexuelle doublée d'une excellente actrice. Dans *Pushing Tin*, Angelina joue de sa frange, de sa bouche pulpeuse et de son corps bronzé avec séduction et abandon, et pourtant elle fait en sorte que le personnage de Mary vous touche par son désespoir[144]. »

102

Pushing Tin a été égratigné par quelques critiques de cinéma pour ne pas avoir inclus certains des renseignements les plus dramatiques qui se retrouvaient dans l'article original d'où le script avait été tiré. Une chose était certaine, même dans la version épurée de l'article, le film *Pushing Tin* n'allait pas être choisi par les compagnies aériennes pour être visionné pendant les vols ! Angelina, toutefois, est restée peu décontenancée par le sujet du film. « Je n'ai pas peur de prendre l'avion, a-t-elle dit. J'ai toujours été convaincue que je ne vais pas mourir en avion. Ce n'est pas comme cela que je finirai[145]. »

Angelina n'a pas seulement été, dès l'été 1999, une actrice reconnue, elle est soudainement devenue la chérie de tous les magazines. Son visage faisait la couverture de nombreuses publications tous les mois. Comme d'habitude, Angelina n'a pas accordé d'importance à l'attention qu'on lui portait. « Vous participez à deux bons films et ils collent votre tête sur la couverture de tous les magazines, a-t-elle dit pour conclure le sujet. Les gens parlent de vous ; ce battage publicitaire remonte jusqu'aux studios et ils décident qu'ils peuvent exploiter votre soudaine célébrité. Cela ne signifie pas que je suis à l'heure actuelle meilleure actrice que je l'étais quand ils ne me voulaient pas pour leurs films. Cela signifie tout simplement que l'on reconnaît mon nom et que cela fait de moi une matière première exploitable[146]. »

Des rumeurs avaient circulé au sujet d'une aventure amoureuse entre Angelina et Timothy Hutton pendant le tournage de *Playing God (Le damné)*. Ces rumeurs ont été renforcées lorsqu'Angelina et Hutton ont été vus ensemble pendant la nuit des Oscars en 1997. L'imprésario d'Angelina a soutenu qu'ils étaient simplement de « bons amis » depuis le tournage du film en 1997 et qu'ils se sont tout simplement retrouvés ensemble à la grande réception, au Polo Lounge, donnée par la société de productions Miramax après les Oscars. Quelle qu'ait été la vérité concernant leur amitié, Angelina n'avait pas eu de relation sérieuse depuis sa séparation de Miller. Angelina paraissait résoudre ses questions personnelles chaque fois qu'elle donnait une interview, c'est sans doute pour cette raison qu'elle a fait la remarque suivante : « Je n'ai pas besoin de thérapeute. Je fais ma propre thérapie en choisissant mes rôles. C'est en étant actrice que j'arrive à exploiter différents aspects de ma propre personnalité. Je suis en partie une personne intense. Je pense que cela met des distances entre certaines gens et moi. Je dois apprendre à avoir besoin des autres. Je dois apprendre à ne pas me crisper quand quelqu'un me serre dans ses bras[147]. »

Bien que leur relation se soit développée lentement et en grande partie loin du public pendant le tournage des *Aiguilleurs*, Angelina a pensé avoir découvert une âme sœur en Billy Bob Thornton, qui avait déjà vécu quatre divorces et qui entretenait soi-disant une relation sérieuse avec Laura Dern. Toutefois, au lieu de foncer tête première dans cette nouvelle relation, Angelina a choisi de laisser la vie venir à elle tranquillement. Elle a continué à se concentrer sur sa carrière, prenant des décisions dignes d'elle. Warner Bros a annoncé en avril 1999 qu'elle allait participer au Film *Dancing in the Dark*. Il s'agissait d'une nouvelle version d'un roman à sensations de Cornwell Woolrich, *Waltz into Darkness*. Le réalisateur serait celui de *Gia*, Michael Cristofer.

Angelina a refusé de jouer un rôle dans la nouvelle version des *Charlie's Angels (Drôles de dames)*. Un message erroné avait annoncé qu'elle allait participer au tournage en compagnie de Cameron Diaz et de Drew Barrymore. Par la suite, une des présidentes de Columbia Pictures, Amy Pascal, a dit que c'était peut-être davantage un désir que la réalité et elle a qualifié Angelina d'être l'équivalent féminin de James Dean. « Je l'ai supplié de participer à la nouvelle version de *Charlies Angels (Drôles de dames)*. Mais, justement, elle n'est pas un ange[148]... »

Par la suite, Angelina s'est souvenue que lorsque Columbia lui avait envoyé une copie du script des *Drôles de dames*, ils lui ont dit qu'il existait trois raisons pour lesquelles elle devait participer au tournage. « Ils ont soutenu qu'il n'y avait pas eu de bons rôles solides pour les femmes. Que cela allait faire de moi une grande vedette et que j'allais beaucoup m'amuser en y travaillant. Je ne partageais pas cette opinion. Tous mes rôles jusqu'à maintenant, que ce soit dans *Gia*, dans *Wallace* ou dans *Playing by Heart (La carte du cœur)* ont été des rôles forts. L'idée de devenir une grande vedette ne me titillait pas. » Elle a dit, en fait, que l'idée même de participer à un film avec, comme objectif, de devenir une grande vedette, lui faisait peur. De plus, elle avait déjà donné son accord pour participer à la nouvelle version de *Gone in 60 Seconds (60 secondes chrono)* avec Nicolas Cage, un film sur de petits malfrats voleurs de voitures. Elle était heureuse, car cette expérience risquait d'être « amusante[149] ».

En fin de compte, Angelina jugea qu'elle n'était pas faite pour le rôle dans *Drôles de dames*, qui finit par être interprété par Lucy Liu. Après avoir lu le scénario, elle n'y avait trouvé rien d'amusant et décida que cela ne lui convenait pas, point final.

Bien qu'elle ait admis que le script des *Drôles de dames* ait été « intelligent et futé », elle a également fait remarquer que Drew Barrymore et Cameron Diaz étaient déjà célèbres et qu'elles allaient beaucoup s'amuser en tournant leurs personnages en dérision dans *Charlie's Angels*. « Je ne suis pas encore rendue là dans ma carrière ; donc, le public ne me verra pas en train de m'amuser à poursuivre de mauvais garçons en talons hauts et en faisant des effets de tignasse[150] », fit-elle remarquer.

Au lieu de cela, le public allait découvrir un côté beaucoup plus sombre d'Angelina dans son film suivant.

CHAPITRE 8

A U-DELÀ D'UN TITRE

À plus d'une occasion, Angelina Jolie a admis avoir une certaine prédilection pour le côté « noir » des choses. Aussi ne faut-il pas s'étonner si elle trouva grand plaisir à filmer *The Bone Collector (Le désosseur)*, un film datant de 1999, fondé sur le succès de librairie de Jeffrey Deaver. Angelina interprétait Amelia Donaghy, une policière débutante faisant équipe avec un détective quadriplégique et expert médico-légal nommé Lincoln Rhyme (Denzel Washington). Elle devient les oreilles, les yeux et les jambes de Rhyme pour traquer un tueur en série vicelard qui terrorise Manhattan. En travaillant ensemble pour intercepter le criminel, Amelia et Rhyme sont attirés professionnellement et personnellement l'un vers l'autre.

Selon Deaver, le handicap physique du détective « remet en cause certaines questions concernant les réactions de l'être humain face à l'idolâtrie qui se manifeste dans la société d'aujourd'hui dans le culte de la perfection corporelle ». Il ajoute : « Notre essence profonde réside dans notre esprit. « Je voulais créer un personnage qui était essentiellement un pur esprit, aussi valeureux et futé qu'un détective classique possédant toute sa mobilité[151]. »

Phillip Noyce, le metteur en scène, a dit être attiré vers le sujet parce qu'il l'a envisagé comme quatre histoires en une. « C'est une histoire d'amour, un thriller, une histoire de détective et celle d'un renouvellement et d'une résurrection. Deux personnes se sentent perdues et ont abandonné. Elles se retrouvent et, finalement, retrouvent la volonté qui leur manquait pour poursuivre[152]. »

Selon Noyce, Angelina Jolie possédait les qualités complémentaires parfaites pour assumer le rôle d'Amelia Donaghy. « Il fallait qu'elle soit jeune, dans la vingtaine, avec suffisamment de détermination pour jouer le rôle d'un flic new-yorkais. Il fallait aussi qu'elle affiche une vulnérabilité particulière... » expliqua-t-il en soulignant avoir remarqué chez Jolie toutes ces qualités dans son interprétation de *Gia*. « La force et la vulnérabilité, certes, mais aussi l'intrépidité, autant chez le personnage que chez l'artiste. D'ailleurs, je m'en étais aperçu lorsque je l'ai rencontrée[153]. Washington a eu son mot à dire sur sa partenaire. Après avoir étudié le script, Denzel a demandé à rencontrer Angelina afin de voir si le courant passerait entre eux. Angelina a été ravie de constater que Denzel avait été suffisamment impressionné par son travail pour accepter de la rencontrer et elle pensa qu'il serait parfait dans le rôle de Rhyme. « Ce n'est pas seulement un grand acteur ; j'ai pu également percevoir ses qualités humaines. Je ne pense pas qu'il existe beaucoup de comédiens qui peuvent avoir ce genre de présence tout en jouant une paralysante immobilité[154]. »

Malgré la réputation montante d'Angelina en qualité de meilleur jeune espoir du cinéma hollywoodien, Noyce et le producteur Martin Bregman durent affronter les pontes du studio pour l'inclure dans la production. « Phillip et Marty m'avaient vu dans *Gia* et me voulaient pour ce rôle, explique-t-elle, mais le studio voulait une vedette plus connue. La condition pour que le studio m'accepte était de sabrer 20 millions de dollars dans le budget[155] ! »

Angelina considérait la subtile relation amoureuse entre Rhyme et Donaghy comme magique. « Dans les autres films, vous assistez à des scènes typiques de restaurant ou encore à des intermèdes érotiques. Au lieu de cela, Denzel et moi tournions des scènes où je devais l'aider à déplacer des objets, lui montrer quelque chose ou lui passer un jus de fruits, et lorsque nous devions nous parler, tout était dans le regard. Il ne pouvait m'étreindre, mais son personnage s'accrochait sensuellement à moi. Le moindre contact devenait électrifiant. Que Denzel soit un homme surprenant et intelligent, qu'il ait énormément de présence et que sa personnalité soit hypnotique, voilà qui constituait des atouts certains dans un tel film[156]. » En effet, l'histoire d'amour entre Amelia et Rhyme se révélait parfaitement crédible. Cela était partiellement dû aux idées personnelles d'Angelina concernant les relations humaines. « Je peux en effet percevoir les choses dépassées que sont les difformités physiques, la couleur, la race ou le sexe des personnes, explique-t-elle. Pour moi, l'attraction est quelque chose comme une aura, une énergie que l'autre diffuse et à laquelle vous pouvez ou non réagir[157]. »

Angelina, qui n'avait eu que quelques partenaires dans sa vie amoureuse, estime que sa relation entre Amelia et Rhyme a modifié son point de vue sur le sujet. « Très peu de gens peuvent me captiver, me permettre de leur parler de ma vie et me faire pleurer, dit-elle. Il y a très peu de gens que je peux approcher pour leur dire : "Regardez ce que j'ai fait". Je peux m'envoyer en l'air avec n'importe qui, certes, mais il est beaucoup plus difficile de trouver quelqu'un avec qui je puisse partager. » Comparativement à la relation qu'elle avait développée dans le film, aucune relation purement sexuelle ne trouvait grâce à ses yeux. « S'ils ne s'intéressaient pas à mon travail et à ce que je ressentais, c'est qu'ils n'avaient rien compris et que cela n'approchait pas de l'expérience que j'ai vécue sur ce plateau », devait-elle expliquer[158].

Le désosseur offrit également à Denzel Washington une merveilleuse occasion de dépassement. « Jouer un rôle de quadriplégique est un grand défi pour tout comédien. Le corps d'un acteur étant son meilleur instrument, en lui enlevant 93 pour cent de ses capacités, il doit se résigner à ne jouer qu'avec son âme », explique-t-il. En se préparant pour le tournage, Denzel découvrit que le rôle exigeait davantage de lui que ce qu'il avait d'abord cru, les restrictions physiques en particulier. Ainsi, il trouva très difficile pour un acteur de s'empêcher de tourner la tête ou même d'éviter de se laisser aller à une franche rigolade venant du ventre[159].

Curieusement, les limitations physiques du personnage de Washington restreignaient également Angelina devant la caméra. « Lorsque vous vous trouvez avec quelqu'un qui ne peut pas bouger, vos propres mouvements se trouvent également amortis, expliqua-t-elle. C'est ainsi que je me gardais instinctivement de toucher son lit ou de m'écarter de son champ de vision. Vous finissez par être coincée[160]. »

Pour se préparer à son rôle, Angelina rencontra plusieurs policières et visita un centre médico-légal new-yorkais. Elle regarda également des documents filmés sur des scènes de crime ayant eu lieu dans les environs de son lieu de résidence. « Pour connaître quelles seraient mes réactions, il me fallait passer par là. Vous ne pouvez plus avaler, vous êtes bouche bée et ça vous saisit aux tripes. Ce n'est pas émotionnel. C'est une réaction purement physique », dit-elle[161].

Le fait d'endosser un uniforme de policière permit à Angelina d'entrer dans son rôle. « Il y a quelque chose dans l'uniforme et aussi dans l'arme de service qui vous force à vous comporter, à vous mouvoir et à parler différemment, remarqua-t-elle. Ce flingue vous donne tant d'autorité qu'instinctivement on se retrouve à tendre la main vers lui lorsqu'on parle[162]... » Angelina explique que la mentalité « flic » la suivait jusque chez elle. « Un soir où je rentrais à la maison, raconte-t-elle, il y avait un accident sur le bas-côté de la route. Je suis sortie de ma voiture et j'ai commencé à diriger la circulation ! Je pensais alors : "Pourquoi diable ne sécurisent-ils pas la scène du crime ? Pourquoi ne récoltent-ils pas de preuves dans l'autre voiture[163] ?" »

Le désosseur représenta un jalon important dans la carrière d'Angelina Jolie, car ce fut la première fois que son nom apparaissait au-dessus du titre au générique. « J'ai éclaté de rire lorsque j'ai vu ça ! » déclara Angelina un peu avant la sortie du film. Elle éprouva aussi certaines appréhensions quant à son personnage de policière. Elle trouvait assez effrayant d'assumer un tel rôle alors que, dans son esprit, elle se considérait encore bien jeune[164].

C'est pourquoi elle ne ressentait aucune animosité envers les dirigeants du studio qui s'étaient montrés hésitants à lui confier ce rôle. « Ça a pris des mois pour qu'on m'accepte, dit-elle. Il m'a fallu attendre, attendre et attendre encore, solliciter et me garder d'accepter un autre emploi, mais je ne les blâme pas. Après tout, je n'avais jamais tourné dans un film vraiment payant et ils prenaient un gros risque[165]. » Comprenant fort bien que le studio aurait désiré engager une tête d'affiche à sa place, elle digérait mal que les patrons se trouvent gênés par le fait qu'elle soit une Blanche et Denzel un Noir. « J'ai considéré cette hésitation de leur part comme une vaste blague[166]… », avoua-t-elle.

Avec leur jeune vedette sur la sellette, le réalisateur et le producteur durent faire des pieds et des mains pour l'engager et Angelina ne tenait pas à contrarier les créateurs des studios. D'autre part, son appréciation et sa gratitude n'allaient pas jusqu'à se compromettre sur le plan artistique. L'un des sujets de discorde résidait dans le fait que le script exigeait qu'Amelia ait été mannequin avant d'entrer dans la police. « Il a fallu que je me bagarre avec eux sur ce point, se souvient-elle. Je voulais que l'héroïne ait pratiqué le mannequinat, mais seulement au

cours secondaire ou à l'université. Cela se termina drôle-
ment parce qu'elle se retrouva en uniforme de pension-
naire d'un collège catholique, ce qui rendait la chose
assez extravagante[167]. »

Angelina n'a d'ailleurs pas trouvé nécessaire que son
personnage apparaisse dans une scène à caractère sexuel
au début du film. De toute évidence, l'objection de la
jeune vedette n'avait rien à voir avec la nudité proprement dite. Ceux qui l'ont vue dans *Gia* en ont eu la
preuve. D'ailleurs, Angelina ne considère pas la nudité
comme quelque chose de très privé et n'a aucun scrupule
à se dévêtir et à trouver cela choquant ou salace. Elle
estima toutefois que cela n'avait pas sa raison d'être dans
Le désosseur. Le résultat fut que l'on supprima éventuellement la scène de nudité au début du film.

Angelina intervint également sur la dernière scène dans
laquelle elle et Washington frayent socialement. Les
cinéastes insistaient pour qu'elle porte une petite robe
rouge d'allure plutôt frivole. Angelina insista pour faire
remarquer que le personnage d'Amelia ne porterait
jamais ce genre de nippes.

Peu avant la première du film, à Los Angeles, alors
qu'Angelina passait sur Sunset Boulevard, elle vit un
panneau réclame où elle apparaissait avec Denzel
Washington pour annoncer la sortie du *Désosseur*.
Surprise, elle provoqua presque un accident. Alors que la
première approchait, les artisans du film et les artistes
espéraient que celui-ci remporterait les suffrages du
public, comme les sondages semblaient le démontrer.
Lorsque l'on montra le film lors d'un groupe de discussion

114

à Paramus, au New Jersey, le groupe cible porta Angelina aux nues au point que Washington, d'un ton ironique, fit remarquer : « Et ce bon vieux Denzel alors ? Ne pensez-vous pas qu'il était super, lui aussi[168] ? »

Les critiques ne firent pas preuve d'un enthousiasme délirant mais accordèrent tout de même leur satisfecit aux acteurs. *People Magazine* nota : « Pris pratiquement jusqu'au cou dans un carcan, Washington se débrouille bien pour interpréter le rôle d'un homme compliqué, obsédé par son travail, périodiquement déprimé. Toute en aspérités, la talentueuse Angelina Jolie prouve qu'elle est une partenaire fort valable[169]. »

Philip Wunch, du *Dallas Morning News*, s'en prit à ce qu'il considérait comme un traitement bâclé de la personnalité du criminel. « Au cinéma, écrit-il – et c'est une indiscutable évidence –, un thriller n'est effrayant qu'en relation directe avec la personnalité de "l'affreux" de service. Il semble pourtant que tous ceux qui ont travaillé sur *Le désosseur* aient oublié ce truisme. Denzel Washington est parfait, Angelina Jolie plus que parfaite et la mise en scène de Noyce souvent astucieuse. Toutefois, l'impact du film se trouve émoussé du fait que les scénaristes ont peu étudié la personnalité du criminel, car finalement, lorsque le haineux salopard est démasqué, vous haussez les épaules et vous vous dites : "Ah oui ? Et après[170] ?" »

Cela prouve en fin de compte que les critiques négatives ou tiédasses n'affectent pas nécessairement le succès ultime d'un film. *Le désosseur* fut numéro un au box-office dès sa lancée et enregistra 17,2 millions de dollars en recettes, ce qui renforça le statut d'Angelina comme étant une vedette capable de donner un bon coup d'envoi à un film. Ce fut toutefois son prochain film qui devait faire d'elle un indiscutable membre à part entière de la nouvelle royauté hollywoodienne.

CHAPITRE 9

GIRL, INTERRUPTED
(UNE VIE VOLÉE)

Girl, Interrupted est un projet qui a souffert de ce que les initiés d'Hollywood ont qualifié « de développement infernal ». Le réalisateur Douglas Wick avait commencé par acheter les droits du livre de Susanna Kaysen en 1993, qui racontait son internement dans une institution psychiatrique. La comédienne Winona Ryder s'est jointe au projet un peu plus tard et y a participé à la fois comme productrice et actrice afin d'accélérer la production. Toutefois, trois différents rédacteurs n'ayant pas réussi à effectuer les coupures nécessaires au scénario, le film est resté au point mort. Ryder, qui désirait à tout prix ressusciter son projet, a approché le producteur James Mangold. « Je n'étais pas certain de vouloir m'engager dans la production du film, a admis ce dernier. J'ai estimé que tous désirent faire le film de leur vie – des filles en pleurs, agitées, à l'air hagard, dans des vêtements d'hôpital. J'ai déclaré, *je désire faire un film colossal* où je montrerai ce que c'est que de perdre ses propres frontières[171]. »

Avant la sortie d'*Une vie volée*, Mangold a remarqué que de nombreux films faisaient du tort aux femmes, « car ceux qui leur sont destinés sont édulcorés », assurait-il. Il a donc voulu corriger cela. « Je désirais apporter certaines caractéristiques de mes autres œuvres à celle-ci, qui risquait, naturellement, de prendre l'allure d'une comédie romantique. C'était mon défi, soit "donner des couilles" à un film concernant les femmes[172]. »

Le film *Une vie volée* raconte l'expérience vécue pendant deux ans par Susanna Kaysen dans une institution psychiatrique. Son internement a été provoqué par une tentative de suicide ratée après avoir avalé un flacon de comprimés d'aspirine accompagnés d'une bouteille de vodka. Avant ce suicide manqué, Susanna était devenue une source d'inquiétudes pour ses parents qui descendaient d'une grande famille de Boston. Elle était une rebelle qui a sommeillé pendant toute la cérémonie de remise des diplômes de son école et qui a fait preuve d'apathie lorsqu'il a été question d'aller à l'université. Après qu'un psychologue, qui était également « un ami de la famille », eut pris 20 minutes de son temps pour décider que la jeune fille âgée de dix-sept ans souffrait « de troubles limites du comportement », Susanna fut internée à l'hôpital psychiatrique McLean qui a reçu le nom fictif de Claymoore pour les besoins de l'histoire. L'hospitalisation de Susanna Kaysen a duré de 1967 à 1969. Malgré les bouleversements culturels qui ont frappé d'autres aspects de la vie des Américains à cette époque, les maladies mentales étaient encore quelque chose de honteux que l'on cachait. Les mots schizophrénie, dépression, anorexie et boulimie ne faisaient pas partie du vocabulaire utilisé dans les milieux bourgeois, et quiconque, dans une famille, souffrait de troubles émotionnels se voyait interner dans un lieu discret. Comme les mémoires de Susanna nous l'indiquent, la folie peut comporter un confort étrange. En effet, son grand dilemme était d'essayer de se convaincre qu'il était préférable de guérir et de rejoindre le monde du quotidien que de rester bien à l'abri dans un endroit où elle n'avait pas vraiment raison d'être.

Étant donné le sujet abordé, *Girl, Interrupted (Une vie volée)* était souvent comparé à d'autres œuvres du même acabit. Lorsqu'ils en discutaient, les membres de la communauté cinématographique parlaient du futur film comme étant dans la même lignée que *One Flew Over the Cuckoo's Nest (Vol au-dessus d'un nid de coucous)*, ou de *Stand by Me (Compte sur moi)* ou bien encore de *Snake Pit (La Fosse aux serpents)*. Cependant, ce film était devenu une véritable obsession pour la star, Winona Ryder, en partie parce qu'elle était personnellement familière avec le sujet du film. Peu de temps après avoir terminé le tournage de *House Of The Spirits (La maison aux esprits)*, en 1992, elle a décidé de se faire interner dans une clinique psychiatrique pendant cinq jours. Bien qu'elle n'ait été encore, à l'époque, qu'une adolescente, elle avait déjà à son acquis une douzaine de films et éprouvait des difficultés à combattre le stress inhérent à un surplus de travail, manquait de sommeil et d'équilibre émotionnel. Elle souffrait également sur un plan plus personnel, car elle venait de rompre avec Johnny Depp avec qui elle a entretenu une relation durant quatre ans.

« En fait, j'y suis restée pendant cinq jours, a-t-elle dit en commentant son séjour en clinique. Avoir dix-neuf ans est difficile pour tout le monde, que vous soyez une actrice, que vous bûchiez pour préparer des examens, que vos parents vous rendent la vie difficile ou que rompiez avec votre premier amour. L'année des dix-neuf ans est difficile, peu importe par quoi vous passez[173]. »

Les stress émotifs normaux de cet âge-là ont été exacerbés par la nature sinistre du film *House of the Spirits*. « J'avais le rôle d'une prisonnière politique et je venais de filmer des scènes de tortures au Portugal. Je suis revenue très fatiguée. J'ai toujours souffert de terribles insomnies et j'étais épuisée, convaincue que je faisais une dépression nerveuse. C'est pourquoi j'ai décidé de mon internement parce que je souffrais de manque de sommeil. Ryder raconte qu'elle a bénéficié d'une heure de thérapie de groupe par jour. « Cela ne m'a vraiment rien apporté, a-t-elle dit en parlant de son expérience. Ces endroits ne vous aident pas vraiment... ce qui est vraiment contrariant[174]. »

Au départ, elle avait pensé que si elle les payait suffisamment, ils pourraient lui donner un traitement pour qu'elle arrête de se sentir aussi démolie. « Cela n'a toutefois pas fonctionné, a-t-elle affirmé. J'en suis ressortie en me sentant à peu près pareil et tout aussi fatiguée. » L'ironie de l'histoire a été que les scènes de torture qui l'avaient autant marquée et qui avait motivé son internement ont été retirées du film avant que *The House of the Spirits* sorte en salles[175].

Malgré le fait que son séjour à l'hôpital ne l'ait pas aidée directement, elle eut une révélation importante – elle était la seule à pouvoir résoudre ses problèmes. « Cela signifie tout simplement que si la vie est étrange et compliquée, cela ne veut pas dire que je doive être malheureuse, a-t-elle observé. Le fait de prendre connaissance de ce fait m'a permis de passer à travers de nombreux démons et de phases sombres qui ont essayé de faire irruption dans mon existence[176]. »

Quelques années plus tard, Ryder a eu en mains les épreuves du livre de Mme Kaysen. Elle a eu l'impression d'être marquée au fer rouge par la lecture du texte. « Le livre de Susan m'a interpellé à un niveau très personnel. Il avait capturé une atmosphère, cette époque de la vie si troublée, si bizarre, si mystérieuse et où l'on se sent si seul. Le livre était honnête dans sa brutalité sans être un apitoiement sur soi-même. Elle a réussi à décrire clairement des sentiments que je n'avais pas réussi à exprimer[177]. »

Ryder avait commencé sa carrière d'actrice à l'âge de douze ans. Les premiers petits rôles qu'elle avait obtenus l'avaient amenée à des emplois plus importants dans des films comme *Beetlejuice (Bételgeuse)*, *Heathers*, *Edward Scissorhands (Édouard aux mains d'argent)*, le film au cours duquel elle avait rencontré Johnny Depp. Contrairement à ce qui se passe avec de nombreux enfants acteurs, Ryder a semblé avoir fait la transition aux rôles d'adultes sans grandes difficultés, participant à des films comme *The Age of Innocence (Le temps de l'innocence)*, *Reality Bites (Génération 90)* et *Alien Resurrection (Alien, la résurrection)*. Elle a considéré que le film *Girl, Interrupted (Une vie volée)* était sa « façon » d'émerger de l'adolescence. C'est un adieu à cette époque de ma vie, à tous les rôles que j'ai interprétés. Je n'avais toutefois pas réalisé qu'il faudrait sept ans pour que le projet se concrètise[178]. »

Ryder était à la fin de la vingtaine lorsque le film a finalement été produit et elle possédait une perspective plus mûre sur son rôle. En réfléchissant sur sa propre révélation, Ryler a senti que les événements décrits dans le film l'ont aidée à réaliser qu'un certain degré de folie est naturel et qu'il n'y a rien de mal à se montrer un peu désaxé[179].

Un des défis majeurs auxquels Mangold a dû faire face fut de produire une adaptation qui ne perdrait pas les sentiments que le livre avait saisis. Mangold était obligé d'être fidèle aux émotions et aux thèmes du livre[180]. Afin de conserver l'essence de l'ouvrage, il a pris la liberté toute créatrice de développer les autres personnages mentionnés dans ces pages, tout spécialement celui de Lisa, une charmante inadaptée sociale qui se divertit en troublant l'ordre et en appuyant sur tous les boutons. Aux yeux de Mangold, Lisa symbolise une sorte de liberté que Susanna n'a jamais possédée. « Ce que nous estimons être de la folie est également le fait de dire la vérité en toute occasion », a-t-il expliqué. C'est ainsi que, pour jouer Lisa, Mangold désirait une actrice qui, comme l'héroïne, était fort peu inhibée. « Ces inhibitions sont ce qui vous empêche, par exemple, de dire à votre patron qu'il est un trou du cul[181] », dit-il.

Mangold, au moment où il a commencé à vouloir distribuer les rôles, s'est demandé s'il allait être capable de trouver une actrice qui pourrait faire abstraction de toutes les conventions sociales, une actrice suffisamment courageuse. « Tout ce que je savais, c'est que cette personne devait être dangereuse, extrêmement verbale et sexy – un équivalent féminin de Robert de Niro », a-t-il déclaré[182].

Certes, il ne manquait pas de jeunes femmes désirant obtenir le rôle. Pratiquement toutes les actrices qui se trouvaient dans le groupe d'âge exigé par le scénario ont passé des auditions sans que l'une d'entre elles semble posséder les qualités que le réalisateur recherchait. Du moins jusqu'à ce qu'Angelina Jolie pénètre dans la salle des auditions. Elle est entrée en marchant à grands pas sans prononcer un mot, s'est affalée sur le divan et a regardé Mangold. À cet instant précis, il a réalisé qu'il ne voyait pas Angelina : c'était Lisa qu'il regardait droit dans les yeux.

Le réalisateur a déclaré que l'audition qu'avait faite Angelina resterait parmi « les moments les plus marquants » de sa vie. « Il m'est apparu évident, ce jour-là, que je ne voyais pas quelqu'un qui jouait la comédie. Une autre personne parlait à travers elle. Cela faisait partie de sa personnalité... Non seulement je savais que j'avais découvert Lisa, mais aussi que j'avais confiance dans le film que je venais d'écrire. » Mangold a fait lire à Angelina toutes les scènes dans lesquelles Lisa apparaissait et lorsqu'ils eurent fini, il savait que sa recherche était terminée[183].

Angelina avait lu le script d'*Une vie volée* bien longtemps avant d'avoir passé l'audition. « Lorsque je l'ai lu, ce sont les phrases que l'on retrouve à la fin qui m'ont particulièrement marquée, cette histoire d'avoir des boutons, de les enfoncer et de ne rien sentir, a-t-elle déclaré. Il s'agissait, à ce moment précis de ma vie, d'un cri que je devais pousser... J'ai vraiment été très heureuse lorsque j'ai su que j'obtenais le rôle. Je hurlais[184]. »

Tout comme Ryder, Angelina a eu une compréhension primale de ce que Kaysen avait écrit. « Je me rappelle avoir été très bouleversée du fait que je n'étais pas folle ou que je n'étais pas un vampire, a déclaré Angelina en parlant de son adolescence. Je voulais monter sur scène et penser que j'étais quelqu'un d'autre.» Après avoir obtenu le rôle, Angelina a déclaré être allée dans une bibliothèque pour se renseigner sur le mot sociopathe. « Ils m'ont dit de rechercher sous la rubrique "tueurs en série". Vous lisez sur le sujet et vous vous apercevez qu'ils ne sont pas conscients de leurs actes. Ils vivent par impulsions pour que vous ne puissiez pas les analyser. Alors, vous mettez les livres de côté et vous vous dites : "D'accord, que suis-je en train de ressentir à l'heure actuelle ?" Puis il faut agir et il arrive parfois que vous fassiez des choses qui vous foutent vraiment la trouille[185]. »

Sa curiosité insatiable et son courage sont les choses qui ont le plus impressionné Mangold, qui la décrit comme étant totalement sans inhibition. De nombreux acteurs peuvent passer de très bonnes auditions, mais Angelina, a déclaré le réalisateur, possède ce qu'il faut pour la soutenir. « Angelina est rebelle, versatile et vraiment intelligente, a-t-il affirmé. Le fait de jouer ce rôle a fait en sorte qu'elle se met en position de contester l'autorité. Toutefois, lorsque quelqu'un répond aussi bien à ce qui est demandé, je me trouve heureux d'avoir à lutter contre sa personnalité[186]. »

Angelina ne nie pas avoir été un sujet à controverse pendant le tournage du film. « Jouer un rôle n'est pas faire semblant ou mentir. C'est trouver un côté de vous qui ressemble au personnage du film et ignorer vos autres aspects. Une partie de moi se demande ce qu'il y a de mal à se montrer complètement honnête. Je suis furieuse lorsque je vois des personnes qui pensent qu'elles sont meilleures que les autres. C'est vrai, elles me ressemblent beaucoup d'une certaine façon[187]. »

Jouer les inadaptés sociaux signifiait qu'Angelina devait réfréner sa compassion naturelle. Par exemple, lorsque Winona ne se sentait pas bien ou avait une migraine, Angelina essayait de ne pas tenir compte de cela parce que son personnage ne ressentait rien. Le film commence comme le roman. Nous sommes en 1967 et la jeune Susanna, âgée de dix-sept ans, est envoyée dans un hôpital psychiatrique par un psychiatre qu'elle connaît à peine, bien qu'il soit évident depuis le début qu'elle est plus saine d'esprit que la grande majorité de ses autres patients adolescents, dont une menteuse pathologique (Clea Duvall), une victime d'incendie qui a décidé de rester une enfant (Elizabeth Moss), une névrosée accro aux laxatifs avec un complexe la portant vers les hommes âgés (Brittany Murphy). Ce sera Lisa, cependant, qui sera la clé du retour de Susanna vers le vrai monde.

Le tournage du film s'est avéré une expérience incroyablement intense, difficile et peut-être même cathartique pour Angelina. « Le film se déroule dans les années soixante, et le fait d'apprendre ce que l'on faisait aux personnes à cette époque est tout simplement horrifiant. Parmi les filles internées, il y avait une homosexuelle qui avait été hospitalisée à cause de son inclination sexuelle. J'aurais aimé que le film soit un peu plus axé sur elle. Il est tellement triste de penser que quelqu'un a reçu des électrochocs tout simplement parce que sa sexualité était ambiguë[188]. »

Angelina a également éprouvé plus de difficultés dans ses relations avec les autres acteurs de la distribution que dans ses autres films. Elle a admis qu'en général elle ne s'entendait pas bien avec les autres femmes. Elle s'est rappelé un incident qui s'est déroulé lors d'une interview pour le magazine *Harper's Bazaar*, au cours de laquelle une des actrices s'est sentie snobée par elle. Elle admet que son manque de sensibilité peut offenser beaucoup les sentiments des autres femmes, cependant tout ce drame a agacé Angelina qui a déclaré que ce genre de choses ne se produit pas avec les hommes[189]. « Lorsque j'arrive sur le plateau et que mon personnage a une scène particulièrement difficile ce jour-là, pas un seul homme ne va venir vers moi pour me dire : "Tu as été vraiment désagréable avec moi hier". Cependant, avec les filles cela arrive quelquefois[190]. »

Angelina nie avoir eu des conflits de personnalité avec Ryder, comme quelques journalistes l'ont relaté[191]. En fait, Angelina et Ryder étaient tellement dans la peau de leurs personnages qu'elles ne se rencontraient que très peu à l'extérieur du plateau. « Il a été rare de les voir quitter leurs personnages pendant les douze semaines qu'a duré le tournage, a déclaré Brittany Murphy qui jouait le rôle de Daisy. Dans le film, Lisa n'aime pas Daisy. « Entre les prises de vues, Brittany m'a évitée, mentionne Angelina. Il lui est arrivé, un jour, de me parler et elle s'est arrêtée brusquement. Elle m'a jeté un regard dur ; Angelina avait été remplacée par Lisa et elle est partie. » « Elle n'arrêtait pas de se moquer de moi à cause de la perruque que j'étais obligée de porter pour mon rôle de Daisy, atteste Brittany. À la fin du tournage, elle m'a offert un sac à dos où il y avait l'image d'un chien qui possédait la même coiffure que moi. Je pense que c'était sa manière à elle de me dire qu'elle n'éprouvait aucune animosité personnelle à mon égard. Cela faisait tout simplement partie de sa façon de rentrer dans son personnage[192]. » Ryder était également une introvertie, ne saluant pas les autres acteurs de façon régulière.

Angelina soupçonne ne pas avoir été la compagne rêvée pendant le tournage. « Je sais que nos personnages sont très différents et je pense qu'à bien des égards, il a été plus effrayant pour elle de jouer ce rôle, a dit Angelina en parlant de Ryder. Mon personnage avait tellement de force, et elle a dû prendre la personnalité de quelqu'un qui a peur, c'est ainsi que nous deux ensemble... Bref, je suis certaine de ne pas être belle le matin à ses yeux, vous savez. Mais j'ai été très fière d'elle. J'ai été très fière de voir à quel point tout cela l'affectait, de voir combien elle travaillait fort. Je suis probablement un peu délirante en comparaison, un peu dérangée[193]. »

Jouer le rôle de quelqu'un de plutôt fêlé finit par avoir un effet néfaste. Néanmoins, Angelina décrit cette expérience comme étant tellement perturbante qu'elle finit par vous soulager. Elle déclare avoir si bien compris le personnage de Lisa qu'elle n'a pas ressenti le besoin de simuler les folles. Elle a joué par impulsions, sans ressentir quoi que ce soit. « Je me suis fait tatouer sur un avant-bras cette citation de Tennessee Williams : "Une prière pour les cœurs libres gardés en cage." Cela décrit Lisa, et moi aussi », a-t-elle ajouté[194]. Angelina a remercié le producteur de ne pas l'avoir laissée partir dans une spirale d'où elle serait sortie complètement déphasée.

Le bruit causé par l'interprétation d'Angelina avant la sortie d'*Une vie volée* a aidé le film à gagner une notoriété supplémentaire, même s'il existait une certaine inquiétude concernant la réponse des spectateurs devant une réalisation aussi intense. « Tout ce qui se fait, à l'heure actuelle, en tant que films, est commercial, des machins qui s'adressent aux adolescentes, a déclaré la réalisatrice Cathy

128

Conrad, l'épouse de Mangold. Il y a très peu de films dramatiques[195]. » Néanmoins, Columbia était persuadé que l'interprétation d'Angelina était digne de recevoir un Oscar. Le film a fait une première sortie en salles pendant une semaine, au mois de décembre, afin de pouvoir se qualifier pour les Academy Awards de 1999. Les critiques se sont montrés positifs devant le fait d'avoir choisi un sujet aussi difficile et ont salué à l'unanimité la performance d'Angelina qui a reçu, à l'occasion, les meilleures remarques de sa carrière.

« *Une vie volée* est un film astucieux, dur et vivant, a écrit le chroniqueur d'*Entertainment Weekly*, Owen Gleiberman. La grande majorité des patients sont inoffensifs, toutefois Lisa (Angelina Jolie), une sociopathe sans cœur et charismatique, se complaît dans sa puissance destructrice. Angelina apporte le type de sexualité brûlante à l'écran qui a tant fait défaut à nos films pendant l'empire rose bonbon de Meg Ryan[196]. »

Geoff Pevere, du *Toronto Star*, a écrit : « Ce film souffre parce que le personnage principal ne souffre pas assez. C'est pourquoi Angelina, en apportant à son interprétation... quelque chose qui fait penser au suicide chic et froid tel qu'elle l'a fait dans la série télévisée *Gia*, essuie les planchers de l'hôpital en compagnie de Ryder chaque fois que Lisa est dans les parages[197]. »

Pour Gene Seymour, de *Newsday* : « Angelina donne de la vie aux choses, même – ou plutôt tout spécialement – lorsque Lisa se conduit très mal. Seule, au sein de la distribution, elle semble émerger des années soixante grâce à une machine à remonter le temps, faisant transparaître la sexualité et l'insouciance de cette époque. Ryder remplit bien son rôle et présente bien les choses. Même quand elle est à son meilleur, elle ne vous fait jamais oublier son nouveau personnage comme Angelina le fait[198]. »

Il est bien possible que la plupart des critiques aient ressenti la même chose que Chris Vognar, du *Dallas Morning News*, lorsqu'il a qualifié Angelina d'être « un dangereux fil électrique sous tension ». Il a écrit : « Ce rôle devrait finalement consolider le statut de Mme Jolie comme étant l'une des jeunes actrices les plus convaincantes de notre époque, une des rares qui peut s'engloutir dans un rôle difficile sans laisser de traces[199]. »

Malgré toutes les marques d'approbation qui se sont accumulées sur Angelina, elle a paru déterminée à ne pas se laisser emballer par toutes ces félicitations. C'était un peu comme si elle avait peur de perdre le carburant qui alimentait sa muse créatrice si elle était privée de son angoisse existentielle et de ses troubles.

CHAPITRE 10

MOMENTS DORÉS

Pour la troisième fois de sa carrière, Angelina décrocha un Golden Globe. Cette fois-ci, pour ses performances en tant qu'actrice dans un rôle de soutien. À la plus grande curiosité des badauds dans l'auditoire, pour accepter le prix sur scène, elle se fit accompagner de son frère James. Le mois suivant, lorsque les nominations pour les Academy Awards furent annoncées, on s'attendait à ce qu'elle décroche un autre prix en qualité de meilleure actrice de soutien. La journée même de cet honneur en tant qu'actrice professionnelle, Angelina se trouvait à des milliers de kilomètres de là, au Mexique, où elle tournait *Dancing in the Dark*. Lorsqu'on put enfin la joindre pour recueillir ses commentaires, elle déclara : « Toutes les femmes de ma génération sont si cool… Je me sens tellement chanceuse aujourd'hui[200]… »

La cérémonie des Oscars approchant vite, Angelina ne put s'empêcher de se tracasser quant à l'issue de cette soirée fatidique. Répondant à un reporter du *Sunday Mail*, un journal australien, elle admit s'être privée de nourriture à cause de sa nervosité.

Lorsque le dimanche 26 mars arriva finalement, Angelina sembla soulagée d'en finir d'une manière ou d'une autre. Elle se présenta donc à la cérémonie avec son frère James en s'accrochant à lui, alors que les photographes les mitraillaient de leurs flashs et que la foule de fans hurlait son nom.

Angelina était si perturbée par l'activité qui l'entourait qu'elle se retrouva enfermée dans l'auditorium pendant vingt minutes, jusqu'à la prochaine annonce commerciale. Inquiète de manquer l'annonce la proclamant meilleure actrice de soutien, traditionnellement faite au tout début de la cérémonie, Angelina supplia le préposé à la sécurité de la faire entrer. Elle craignait en effet de décevoir sa mère. Finalement, James Coburn, délégué pour annoncer le prix, la tira elle et son frère des mains du cerbère borné.

Angelina fut heureuse de voir qu'elle n'avait pas à attendre des heures pour que l'on annonce sa catégorie. Comme tout le monde s'y attendait, elle gagna et sembla frappée par la foudre. Elle se pencha et donna un baiser plutôt prolongé sur les lèvres de son frère en larmes avant de se diriger vers le podium. « Je suis surprise que personne ne se soit trouvé mal ici, dit-elle avec un tremblement dans la voix. Je suis en état de choc et, à ce moment précis, amoureuse de mon frère qui m'a serrée contre lui et qui m'a dit qu'il m'aimait. Je sais qu'il est très heureux pour moi et je vous en remercie. Merci aussi à Columbia. Winona, tu es stupéfiante et tu as toute ma gratitude pour m'avoir soutenue à travers tout ça. D'ailleurs, toutes les filles de ce film sont merveilleuses, mais c'est ma mère qui

Moments dorés

133

est la plus brave, la plus belle femme que j'ai jamais connue. Et mon père, ce grand acteur. Tu es… Je ne serais rien sans toi. Tu es l'homme le plus fort, le plus fantastique que j'ai rencontré. Je t'aime et merci beaucoup[201]. »

Semblant encore bouleversée, en coulisses Angelina étreignait son trophée. Lorsqu'on lui demanda si elle ne craignait pas d'aller trop loin dans un rôle, elle se mit à rire. « Cela ne m'a jamais inquiétée, a-t-elle répondu, car je n'ai jamais vu qui que ce soit faire cela… J'ai toujours été émerveillée de voir les gens agir simplement, en toute liberté, sans se préoccuper si on les jugera. Alors, je compte toujours sur les comédiens pour avoir une flamme en eux, peu importe s'ils dépassent les limites ou se comportent un peu follement[202]… »

Même si la plupart des gens savaient que le film s'inspirait d'une autobiographie, peu d'entre eux se doutaient qu'Angelina était en contact avec le personnage qu'elle recréait. Lorsqu'à la cérémonie des Oscars on lui demanda d'en dire davantage sur cette femme, elle remarqua : « Elle n'a pas décidé de me contacter très souvent et je pense qu'elle voudra encore moins le faire si vous commencez à rendre tout cela public. Elle vit sa vie après tout. À la fin du livre, elle a un enfant, un garçon, qui devrait avoir à peu près mon âge aujourd'hui. Je pense qu'elle se trouve à New York. Je suppose qu'elle a dû passer à travers bien des épreuves et que, maintenant, elle essaie de retrouver son équilibre[203]. »

Faisant allusion aux frasques auxquelles elle s'était livrée les autres années aux Golden Globes, quelqu'un lui demanda si le fait qu'il n'y ait pas de piscine au Shrine

Auditorium, où se déroulait la cérémonie, la dérangeait beaucoup, Jolie sourit malicieusement et répondit que, privée de piscine, elle trouverait toujours un autre moyen de manifester son excitation[204]. »

Sur un ton plus sérieux, elle évoqua ce qui lui était passé par la tête lorsqu'elle avait entendu prononcer son nom. « Je ne m'y attendais vraiment pas, soutient-elle. Alors, j'ai touché le bras de mon frère et j'ai senti qu'il était aussi surprise que moi. Que voulez-vous, nous avons grandi dans ce milieu. Oui, mon père a reçu un Oscar, et c'est le genre de distinction de taille à laquelle on s'attend en tant que comédien à la suite d'une interprétation sortant de l'ordinaire, de quelque chose de marquant[205]. » Curieusement, Angelina avoue n'avoir jamais touché à cette statuette mythique avant d'en remporter une elle-même. Ma grand-mère paternelle conservait l'Oscar de son fils dans un aquarium à poissons rouges, ou quelque chose du genre, sur sa cheminée à New York. Alors, je n'y ai jamais touché. Quand on est élevée avec de tels souvenirs, on se dit que c'est l'une de ces drôles de vieilleries que les grand-mères conservent[206]. »

Après avoir examiné son rôle avec un certain recul, Angelina trouva que celui de Lisa lui allait bien, même si elle avait eu des appréhensions à l'accepter. Elle avait d'ailleurs hésité de la même façon pour *Gia*, considérant que ce rôle l'exposait exagérément. Pour Lisa, Angelina manifestait des réticences pour d'autres raisons. Lorsqu'elle lut le scénario, les répliques de Lisa la firent pleurer. « Certains trucs que je lis ont ce genre d'effet sur ma personne, commenta-t-elle. C'était important pour moi, mais je ne voulais même pas les lire, car le personnage m'affectait. »

Elle décida finalement qu'il fallait bien que quelqu'un s'exprime pour Lisa. « Je voulais lui donner une voix », expliqua-t-elle[207].

Tandis que se succédaient les questions, les pensées d'Angelina se tournèrent de plus en plus vers sa famille. Elle expliqua aux journalistes que, plus tôt dans la journée, ses parents lui avaient apporté des cadeaux. Aux yeux de la comédienne, ces présents voulaient dire qu'on l'aimait et que toute sa famille était très fière d'elle.

Les Academy Awards étaient également un important jalon pour ses parents. Angelina se souvient que lorsqu'elle avait fait appel à sa mère parce qu'elle avait besoin d'une nouvelle voiture, celle-ci était devenue nostalgique. « Mais tu as été à toutes tes auditions dans cette voiture... Avec elle, tu as perdu des centaines de contrats ! » répliqua sa maman. « Puis elle est devenue sentimentale, expliqua Angelina. Elle m'a dit : "Peux-tu t'imaginer te rendre jusqu'aux Oscars ?" C'est comme ça qu'est ma mère. Mon père est entré ; il m'a dit être fier de moi, que j'étais une bonne comédienne. Entendre ça de la part de son père est quelque chose de capital pour une fille. C'est tout ce dont j'avais besoin. Il m'aimait, et c'est tout ce qui importait[208]. »

Voight avait également apporté un cadeau à Marcheline pour la remercier d'avoir si bien guidé la carrière de leur fille[209]. Angelina se rappelle qu'après avoir appelé sa mère dans les coulisses, « elle en a pratiquement fait une foutue crise cardiaque » ! « Mon père l'avait également appelée, explique Angelina. Il l'attendait chez Spago et, apparemment, les deux se parlaient au téléphone et versaient des larmes ; c'était formidable. Quand ils m'ont vue dire à mon frère que je l'aimais, ils ont constaté combien leurs enfants pouvaient avoir de l'affection l'un pour l'autre et comment nous nous en porterons bien parce que nous pouvons nous épauler. Bref, mes parents n'en revenaient pas[210]. »

Lorsqu'on lui parle de l'attachement particulier qu'elle porte à son frère, Angelina demeure pensive : « Je ne sais pas si c'est comme ça dans toutes les familles de divorcés ou quoi au juste, mais nous sommes tout, l'un pour l'autre. Ça a toujours été ainsi ; nous avons toujours été les meilleurs amis du monde. C'est peut-être parce que mon frère s'est toujours montré comme mon plus fidèle supporter, qu'il est très amusant et qu'il est la plus affectueuse des personnes que je connaisse. C'est un bon garçon et il m'a donné tant d'amour et a si bien pris soin de moi qu'il a embelli ma vie. C'est mon ami[211] »

L'ensemble de la vie d'Angelina et la façon dont elle parle de l'amour qu'elle porte à son frère semblent être au diapason de l'intensité avec laquelle elle vit sa vie. James était le frère aîné qui a poussé Angelina à jouer, la filmait avec sa caméra amateur et était plein de délicates attentions envers elle. Consciente que sa carrière avait dépassé très largement la sienne, elle trouvait normal de le faire bénéficier de ses relations et, par la même occasion, de lui donner un coup de main et de l'aider à avancer dans le métier. Voilà pourquoi, dans plusieurs de ses films, on a pu voir James Haven, né Voight, jouer de petits rôles. Toutefois, dans le contexte de la nuit des Oscars, la déclaration d'amour à son frère et l'affection qu'elle lui démontra firent froncer bien des sourcils et, dans les semaines et les mois qui suivirent, Angelina et James attirèrent soudainement l'attention des médias qui spéculèrent qu'il y avait peut-être là une histoire d'inceste.

« C'est vraiment un truc de tordus, expliqua James Haven à Elizabeth Snead, de *USA Today*. J'ai d'abord rigolé, puis je me suis fâché. Maintenant que j'ai eu le temps de réfléchir, je pense que ce sont des gens à l'esprit mal tourné qui voient toujours le côté négatif des choses. Tous ceux qui ont pensé ainsi devraient se faire bombarder à coup d'œufs. Ils tartinent ces histoires dont les textes demeureront et s'apercevront en temps et lieu qu'il ne s'agit que d'une relation très étroite et que cela n'a rien à voir avec ce qu'ils avancent[212]. »

« D'abord, je n'ai pas roulé de patin à Angie, poursuit-il. Ce fut quelque chose de simple et de sympa. Je l'ai félicitée pour son Oscar et lui ai donné un rapide baiser sur les lèvres. Ils se sont emparés de ça et en ont fait une affaire d'État. » Balayant toute cette histoire du revers de la main, James Haven provoqua ses interlocuteurs en révélant qu'il avait l'intention de se faire faire un premier tatouage représentant le nom de sa sœur : « Angelina pour la vie[213] ».

Angelina se montra encore plus exaspérée : « Mon Dieu, ce genre de rumeur était prévisible et je la voyais venir. J'aurais pu écrire cette histoire moi-même... » Puis elle ajouta, d'un ton sentencieux : « En réalité, si jamais *j'avais* couché avec mon frère, je le dirais aux gens. Ils me connaissent[214] ! »

Ce que le reste du monde *ne connaissait pas*, c'était qu'Angelina était déjà fort engagée dans une liaison torride et secrète qui ne devait devenir publique que plusieurs mois plus tard.

La guérison

Au lieu de prendre quelque repos après avoir remporté son Oscar, elle accepta un rôle dans un film de Nicolas Cage, *Gone in 60 seconds (60 secondes chrono)*, qui traite d'un voleur de voitures confirmé qui doit faire un dernier gros coup pour sauver son frère. Angelina affirme qu'elle a accepté ce rôle parce que cela représentait pour elle plus de plaisir que de travail. Après son épuisante interprétation dans *Une vie volée*, Angelina voulait prendre un peu de temps pour traîner et faire un peu la folle. J'avais besoin d'être avec Nic et tous ces types, qui sont de braves gars. Je voulais juste rigoler avec eux », dit-elle en guise d'explication[215].

Malgré le fait qu'elle ait apprécié l'histoire pour son aspect décontracté, bien des gens se demandèrent quelle mouche l'avait piquée pour accepter un rôle dans un film d'action plutôt léger. « Plus on en donne, plus ils en veulent et c'est terrible, répondit-elle. Je voulais tout simplement jouer et me retrouver dans une bande de mecs. J'avais passé trop de temps sur des histoires de bonnes femmes dans des institutions psychiatriques… Et puis, lorsque je ne travaille pas, je ne suis plus dans le coup. Ce n'est que sur un plateau que je me sens utile[216]. »

Gone in 60 seconds (60 secondes chrono) était le remake d'un classique que H.B. Halicki avait tourné en 1974. On pouvait toutefois le considérer comme quelque chose de plus consistant que l'un de ces films de saison estivale pour adolescents dévoreurs de pop-corn. On y voyait beaucoup de voitures et une enfilade d'accidents spectaculaires. Angelina n'apparaissait pas à l'écran avant la moitié de ce film de deux heures. En plus de considérer ce travail comme une sorte de digression, Angelina trouva que cela lui avait permis d'apprendre beaucoup de choses sur les autos. « Je sais maintenant comment piquer une voiture, affirma-t-elle, mais je ne devrais peut-être pas vous en parler. Nous avions sur le plateau un voleur professionnel accompagné d'un gardien de prison. Je lui ai posé des milliers de questions. Ce truand pouvait démonter n'importe quelle bagnole et vous décrire chaque pièce... », s'émerveillait Angelina[217].

Il faut avouer que *60 secondes chrono* ne fut pas un très grand succès et que les critiques n'en parlèrent que du bout des lèvres. Un certain Dave Thompson se défoula : « On ne peut pas dire que *60 secondes chrono* soit de la merde. La merde, c'est Nicolas Cage et la supervision parentale pour ados de 13 ans... » Malgré cette démolition, Thompson eut quelques bons mots pour Angelina Jolie. « Jolie, c'est une autre histoire. C'est le genre de trésor dont on ne sait que faire... À sa manière, elle possède ce petit je ne sais quoi que très peu d'actrices américaines avaient – Louise Brooks, Jean Harlow, Tuesday Weld, Marylin Monroe – et que ces femmes ont eu rarement l'occasion de mettre en valeur[218]... »

Elle avait aussi ce petit quelque chose qui rend les conjointes des acteurs plutôt nerveuses. Ainsi pendant qu'elle tournait dans la télésérie *Dancing in the Dark*, les potiniers laissèrent entendre que Melanie Griffith, la femme d'Antonio Banderas, était loin d'être enchantée par les scènes d'érotisme entre son mari et Angelina Jolie. Cette dernière mit fin rapidement aux rumeurs : « Melanie n'a absolument pas besoin de s'en faire avec moi, fit-elle savoir. Je ne suis pas du genre à draguer les hommes mariés... » Elle ajouta : « D'ailleurs, j'ai eu bien davantage de relations sexuelles au grand écran qu'au cours de toute ma vie privée[219] ! »

Angelina avait négligé de mentionner que la véritable raison pour laquelle Mme Griffith pouvait dormir tranquille, c'est qu'Angelina avait déjà trouvé quelqu'un.

En janvier 2000, Angelina parlait comme une personne résignée à vivre seule. Depuis son divorce d'avec Miller, elle sortait bien à l'occasion, mais, sur le plan émotionnel, elle se sentait seule. Au cours d'interviews, elle assumait la responsabilité de son célibat et prétextait qu'il était très difficile de maintenir une relation sérieuse en travaillant aussi fort qu'elle le faisait. À son avis, il n'était pas juste pour l'autre personne de ne pouvoir être présente physiquement et d'être toujours émotionnellement distante à cause de son travail[220]. Elle affirmait cependant être très heureuse de la situation. « J'ai beaucoup d'amis parmi les hommes et je n'ai pas guère besoin de rapports intimes », remarqua-t-elle[221]. Cela ne l'empêchait pas de fantasmer : « Lorsque j'étais jeune, mon père et moi regardions Marlon Brando dans *Un tramway nommé Désir*, se rappela-t-elle. J'avais alors dit à mon père que c'était le genre de passion animale que je recherchais chez un homme[222]... »

Il faut avouer que, tout au long de son existence, ses relations de couple avaient été pour le moins difficiles. Angelina a eu ses premières relations sexuelles à 14 ans[223].

Son petit ami vivait avec elle chez sa mère et ils ont entretenu une relation sérieuse pendant deux ans[224]. Au cours de cette période, Angelina se livra à des lacérations sur elle-même. En rétrospective, elle affirme que ce genre d'auto-mutilation constituait une réponse à l'engourdissement émotionnel qu'elle ressentait. Un jour, avec son petit ami, elle a essayé de jouer du couteau. « Nous nous sommes attaqués, explique-t-elle. Cela avait l'air si primitif mais si honnête... Ensuite, il a fallu que je m'arrange pour cacher tout cela à ma mère et que je dissimule mes bandages de gaze au collège[225]. »

En regardant ses jeunes années, Angelina estime que sa phase d'automutilation était le résultat de l'angoisse existentielle et de l'ennui de l'adolescence. « Lorsque j'ai atteint seize ans, dit-elle en riant, j'ai éliminé tout ça de mon système[226]...

Bien qu'elle ait réussi à surmonter le besoin de s'auto-mutiler à l'aide de couteaux, ses relations passées pesaient encore lourd. Les procédures de divorce d'Angelina d'avec Miller ne furent pas finalisées avant le tournage de *60 secondes chrono*. Même s'il s'agissait là d'histoire ancienne, la finalité de l'événement était encore pour elle cause de souffrances. Les effets psychologiques d'un divorce combinés à la charge émotionnelle d'*Une vie volée*, ainsi que d'autres événements comme la maladie d'un proche, contribuait à entretenir chez elle un état maladif. Son visage était défait, elle perdait du poids et était à bout de nerfs. Un jour, le metteur en scène de *60 secondes chrono* lui suggéra de rentrer chez elle et de se soigner. Les idées plutôt larges qu'elle affichait quant à l'utilisation de drogues provoquaient des spéculations dans la presse spécialisée.

C'est alors que ces épreuves émotionnelles permirent à Angelina de réaliser combien elle était seule. « Il m'a fallu passer par une période chargée d'émotions, assure-t-elle. Seulement, dans ce business, lorsque cela vous arrive, vous prenez conscience du pire qu'ils peuvent penser à votre propos, c'est-à-dire qu'ils vous croient malade. On se dit alors : "Si jamais quelque chose m'arrivait, c'est ainsi que me traiteraient ces petites gens." » Elle affirme cependant que tous ceux et celles qui travaillaient sur le plateau de *60 secondes chrono* s'étaient montrés gentils avec elle, mais que l'expérience l'avait fait désirer un retour à une vie normale[227].

Déjà, dans la mi-vingtaine, Angelina commença à dévoiler, lors d'interviews, qu'elle avait envie de se fixer et d'avoir des enfants. À plus d'une occasion, elle exprima l'intention d'adopter un bébé, car elle était peu intéressée à être enceinte et à accoucher. Mais avant de s'engager dans un processus d'adoption, elle souhaitait trouver un partenaire de vie.

À ce propos, Angelina avait expliqué qu'elle cherchait quelqu'un de déjanté « avec des cicatrices et ayant fait des conneries, car une certaine dose de folie est vraiment sexy ». Elle ajoutait qu'elle ne voulait pas d'un conjoint plastiquement parfait[228].

En ce qui concerne la passion, Angelina souhaitait une relation dans laquelle le partenaire lui dirait : « Je t'aime, mais je veux juste déchirer ce lien et te dévorer. » S'empressant de préciser qu'elle n'avait pas encore trouvé l'oiseau rare, mais « qu'elle avait perçu des signes annonciateurs ». Elle réduisait sa relation avec Miller à une sorte « d'expérience honnête » et considérait que ce n'était pas ce que l'on pouvait appeler l'amour passionné et bizarre auquel elle aspirait[229].

Peu importe, entre l'époque où l'on filmait *60 secondes chrono* et le lancement du film en juin 2000, Angelina tomba amoureuse, mais ce n'était pas un amour romantique avec de petits cœurs et des bouquets de fleurs. C'était une relation parfaitement dingue, sans retenue, le genre d'expérience débridée à laquelle elle avait toujours aspiré.

CHAPITRE 11

INCANDESCENTE !

Angelina avait commencé à rencontrer discrètement l'homme-orchestre, chanteur, acteur et réalisateur Billy Bob Thornton dès l'année 1999. Lorsque la nouvelle est devenue officielle, leur idylle a surpris non seulement le public et les médias, mais également la petite amie de longue date de Thornton, Laura Dern. Comme dans toutes les idylles de ce genre, il est difficile de distinguer la réalité de la fiction, car une fois que cette histoire est connue du public, tout le monde a tendance à apporter son grain de sel. Une chose est certaine : Billy Bob et Angelina se sont rencontrés au cours du printemps 1998 pendant le tournage de *Pushing Tin (Les aiguilleurs)*. Angelina a admis par la suite s'être intéressée à Thornton dès le jour où elle l'a rencontré. « Je me suis trouvée alors en état de choc en le voyant », a-t-elle confié aux journalistes. Bien que rien ne se soit passé à l'époque, Angelina se souvient bien avoir été impressionnée par le personnage. « J'ai continué à mener ma vie, mais je ne l'ai jamais oublié... Je n'ai jamais éprouvé autant de plaisir à parler avec qui que ce soit[230]. »

146

Elle a laissé entendre que leur histoire d'amour n'a commencé à être sérieuse que beaucoup plus tard parce qu'elle ne savait pas si elle pourrait avoir quelque avenir avec cet homme. « Je l'aimais trop pour penser qu'il désirerait être en compagnie de quelqu'un dans mon genre, a-t-elle observé. Je n'avais pas une grande estime de moi. Je voulais devenir quelqu'un de meilleur[231]. »

Néanmoins, leur relation devint beaucoup plus sérieuse dès mars 2000. D'une part, Angelina avait été vue arborant un nouveau tatouage où étaient inscrits les prénoms « Billy Bob » ; d'autre part, elle se précipitait pour prendre un avion pour Los Angeles chaque fois qu'elle pouvait quitter les scènes de tournage de *Dancing in the Dark* au Mexique. Elle a aussi passé un certain temps avec Thornton après la cérémonie des Oscars avant d'attraper un avion, à 4 heures du matin, pour le Mexique. Quant à la façon avec laquelle elle a réussi à garder secrète cette idylle, elle déclara : « Je ne pense pas que qui que ce soit en était conscient[232]. »

Laura Dern, qui était engagée dans une relation amoureuse avec Thornton depuis que ce dernier s'était séparé de sa quatrième femme, Pietra Dawn, peu de temps après la cérémonie des Academy Awards de 1997 – où il avait reçu un Oscar pour son interprétation dans *Sling Blade (La justice au cœur)* –, n'en était certainement pas consciente. Les procédures de divorce entre Thornton et Dawn furent féroces. Dawn porta des accusations de violence conjugale contre Thornton et le décrivit comme étant un maniaco-dépressif violent lorsqu'il ne prenait pas son lithium. Les accusations sont devenues enragées, les deux parties ne cessant de se menacer de mort mutuellement. Le juge qui présidait le tribunal dut émettre une ordonnance restrictive contre chacune d'elles[233].

Cela dit, Billy Bob et Angelina se marièrent lors d'une cérémonie qui dura vingt minutes, le 5 mai 2000, à Las Vegas, dans la chapelle Little Church of the West. Le propriétaire de l'édifice, Greg Smith, a raconté à l'Associated Press que les mariés portaient tous deux des blue-jeans. Il s'agissait du cinquième mariage de Thornton. Selon les rapports, Thornton et Angelina étaient accompagnés du meilleur ami de Thornton, Harvey Cook, qui servit de témoin. Pas un seul membre de la famille d'Angelina n'était présent au mariage. Le coût total de la cérémonie s'éleva à 200 faramineux dollars, ce qui incluait le service célébré par le révérend James Hamilton, les photos, les fleurs – un bouquet de roses et d'œillets – et la musique (*Unchained Melody* par les Righteous Brothers).

Les nouveaux mariés étaient ravis d'être en compagnie l'un de l'autre. « Angelina représente tout pour moi, en qualité d'être humain, d'artiste et de partenaire, clama Thornton en se répandant en compliments hyperboliques. Je la regardais dormir et devais m'empêcher de la serrer à mort dans mes bras jusqu'à suffocation. Et puis… notre vie sexuelle était presque trop envahissante[234]… »

Lors de la première de *Gone in 60 Seconds (60 secondes chrono)*, Angelina et Thornton sont arrivés bras dessus bras dessous, incapables de se détacher l'un de l'autre. Tout comme Thornton, Angelina ne pouvait s'empêcher d'arrêter de parler de l'homme qu'elle qualifiait d' « amour de sa vie ». « Je n'étais pas une bonne épouse lors de mon premier mariage. Finalement, je suis arrivée à un moment de mon existence où j'espère pouvoir rendre quelqu'un heureux. » Le pouvoir de l'amour a également apporté quelques éléments nouveaux dans la vie d'Angelina. « Jusque-là, je n'avais jamais su ce que c'était que d'être jalouse, obsessive, que de vouloir parler tout le temps... J'avais pris l'habitude de penser que mon travail représentait la raison pour laquelle j'étais en vie. À l'heure actuelle, je ressens qu'il existe quelque chose d'exceptionnel. Avant, je n'avais pas peur de mourir. Maintenant, je suis heureuse d'être en vie. Je ne veux pas perdre un seul instant[235]. »

Angelina a également dit se sentir plus ancrée en tant que personne depuis son engagement sentimental avec Thornton. Lors d'entrevues avec la presse, elle s'est décrite comme étant « plus en vie et satisfaite », déclarant que la force de Thornton l'avait rendue fière d'elle, qu'elle se sentait en sécurité et recentrée. Angelina, toutefois, n'ignorait pas le doute que manifestaient des personnes de leur entourage. « Voyez-vous, il faut toujours s'attendre à un certain scepticisme et nous en avons décelé, a-t-elle admis. Cependant, nous sommes très amoureux l'un de l'autre et allons partager notre vie avec d'autres personnes. Cela nous est égal. Et nous espérons que ces connaissances vont nous encourager et non pas se montrer hostiles à notre égard[236]. »

Même si les critiques ne l'encourageaient pas, Angelina était convaincue que Thornton était son partenaire pour la vie. Angelina défendait, également, le lourd passé marital de son conjoint en disant : « Si je ne l'avais pas rencontré à l'âge adulte, moi aussi j'aurais été mariée quatre fois ! Tout est différent. Je sais maintenant que nous nous sommes trouvés. » Et si jamais elle ne pouvait convaincre les autres de ce qui était pour elle une indéniable vérité, c'était leur problème. « Je ne peux tout de même pas mener ma vie personnelle en fonction des personnes qui m'entourent[237] », avait-elle conclu.

Pour autant que son mariage ait changé sa vie personnelle, cette union plaçait également sa vie professionnelle dans une autre perspective. Lorsqu'elle était célibataire, le travail ne l'a pas seulement aidée à prendre de la maturité ; il a aussi rempli un vide causé par la solitude. Maintenant que Thornton était là, Angelina désirait travailler moins afin de rester davantage à la maison. Cependant, elle devait, en premier lieu, remplir une dernière obligation : un film à succès potentiel qui se nommait *Lara Croft : Tomb Raider*, dont le tournage se déroulait à Londres.

Si jamais un rôle devait réussir à la fois à donner un peu plus de lustre à l'image publique et professionnelle d'Angelina en lui offrant de nouveaux débouchés et en la catapultant dans de nouvelles sphères réservées à des acteurs comme Tom Cruise et Harrison Ford, il s'agissait de celui de l'héroïne de *Tomb Raider*, Lara Croft. À l'époque du numérique, Lara Croft était véritablement une star du futur, un personnage de jeu vidéo tout aussi vénéré que s'il était de nature humaine. Lara Croft a été créée avec l'idée de devenir l'équivalent féminin d'Indiana Jones et tenait le rôle principal dans le jeu vidéo *Tomb Raider*. L'histoire créée pour les jeux a fourni aux réalisateurs une grande quantité de matériel à utiliser pour leur scénario.

L'apparence physique de Lara Croft, une épaisse chevelure noire, une silhouette de rêve aux mensurations idéales (34 D-24-35 pouces – soit 86-61-89 cm) sur une ossature mince et musclée et une taille de 1,74 m, était à la hauteur de son corps d'athlète formé au cours de ses aventures en tant qu'archéologue de l'imaginaire. Croft est une héroïne qui peut soit séduire un ennemi avec un simple mouvement du visage, soit le tuer.

Malgré le fait qu'elle incarne de nombreuses caractéristiques américaines – elle n'est pas quelqu'un envers qui l'on se permettrait de manquer de respect pendant l'heure d'affluence, par exemple – Lara est, pour l'histoire, une véritable aristocrate britannique, connue dans la haute société sous le titre de duchesse de Saint Bridget, fille de Lord Henshingly Croft. Née le jour de la Saint-Valentin en 1967, à Wimbledon, en Angleterre, Lara a reçu son éducation à la Gordonstoun Boarding School, de l'âge de 16 à 18 ans, et a ensuite passé trois ans dans une institution pour jeunes filles de bonnes familles en Suisse.

Alors qu'elle habite ce pays, Croft prend goût au ski puis s'en va passer un certain temps dans les montagnes de l'Himalaya à la recherche des pistes les plus difficiles. Toutefois, au retour de ses vacances, l'avion s'écrase dans les montagnes. Elle est la seule survivante et passe les deux semaines suivant l'écrasement à apprendre à survivre. Lorsqu'elle trouve finalement son chemin vers un village, elle est complètement transformée. Son éducation aristocratique semble soudainement l'étouffer et elle éprouve un grand besoin de voyager seule et de survivre uniquement grâce à son intelligence et à son astuce.

Les parents de Lara ne se montrent guère enthousiastes devant la catharsis de leur fille, car ils espéraient qu'elle épouse le comte de Farrington. Dans le but de la ramener à de meilleurs sentiments, ils lui coupent les vivres. La décision de leur fille est toutefois définitive – sa vie d'archéologue aventurière l'attire. Lorsqu'elle est en Angleterre, Lara vit dans un manoir dont elle a hérité très jeune dans le Surrey. Étant donné qu'elle voyage énormément, cette demeure lui sert d'entrepôt pour tous les objets qu'elle rapporte de ses différentes aventures. Elle a également fait construire un parcours du combattant pour pouvoir s'entraîner sur les terres entourant la propriété.

Lara ne considère pas que les fouilles archéologiques représentent un emploi. Il s'agit plutôt d'une façon de vivre. Là encore, elle a la réputation de rechercher les artéfacts archéologiques à la commande. Ses principaux revenus sont tirés de ses récits de voyage, dont *A Tyrannosaurus is Jawing at my Head* et *Slaying Bigfoot.* Les sujets des livres de Lara sont tirés d'exploits qu'elle a accomplis et qui ont remporté une notoriété mondiale. Non seulement a-t-elle découvert de nombreux sites « archéologiques » réputés, comme la pyramide de l'Atlantide ainsi que la dernière cachette du poignard de Xian, elle a également montré de quoi elle était capable en faisant le trajet de la dangereuse route de l'Alaska à partir de la Terre de Feu, en Amérique du Sud, et cela, en un temps record (bien que cela – toujours selon l'histoire – ait été dénoncé par la suite par le Guinness Book of Records étant donné sa « dangereuse manière de conduire »). Elle est également partie à la recherche de Bigfoot et a tué le monstre. Le problème principal qu'elle doit résoudre est le manque de temps dont elle dispose pour consigner sur papier toutes ses aventures. Son intérêt principal est de découvrir le monde incertain des sépultures et du passé.

Lara Croft est devenue instantanément un phénomène mondial lorsqu'elle a fait ses débuts en 1996 dans un jeu d'action nommé *Tomb Raider*. Pleine d'assurance, de ressources et indépendante, Lara est sans doute la première véritable star virtuelle. Elle est apparue sur plus de 200 couvertures de magazines de par le monde. Son portrait a été dressé dans une chronique parue en décembre 1999 dans les magazines *Time, Newsweek, Rolling Stone*, et la publication « It » d'*Entertainment Weekly* mettant en vedette les cent personnalités les plus créatrices du specta-cle. Le *London Times* a récemment consacré un supplément de seize pages en son honneur, et *Time Digital* a inclus le nom de Lara parmi la liste des cinquante personnages de l'élite du monde cybernétique en Amérique, au milieu de noms comme Bill Gates, Andy Grove, Steve Jobs et George Lucas.

Et, lors d'un événement vraiment sans précédent, le magazine *Details* a honoré Lara, un être virtuel, du titre *d'une des femmes les plus sexy de l'année.*

Croft a également fait son chemin vers les espaces réser-vés aux top-modèles, apparaissant dans des campagnes publicitaires à la télévision en Amérique du Nord, en Europe et en Asie. Elle est devenue le sujet de plus d'un millier de sites Internet destinés à ses admirateurs – tous ces sites ayant été créés indépendamment par Eidos, la société qui fabrique les jeux de *Tomb Raider* dont les produits incluent des figurines, des bandes dessinées et une ligne de vêtements. Le succès de Lara a même inspiré la renommée agence de mannequins, Elite Modeling Agency, qui a consacré une division entière au développement de mannequins virtuels, une innovation que d'autres agences du genre ont copiée depuis.

Une chose remarquable concernant Lara Croft est le fait que, quelques années avant ses débuts, les figurines féminines avaient la réputation de mal se vendre. La sagesse classique disait que les personnes qui jouaient à des jeux vidéo ne recherchaient que des figurines mâles représentant des « bons » et des « méchants » – dont les archétypes pouvaient être des monstres ou des extraterrestres. Il était inutile qu'une femme postule dans ce secteur. Lara Croft a changé tout cela lorsque la société Eidos Interactive l'a présentée dans son rôle de pilleuse de sites dans *Tomb Raider*.

« Lara Croft séduit un mélange de personnes, a déclaré Gary Keith, le directeur d'Eidos. L'essentiel de la clientèle, des adolescents âgés de 13 à 15 ans, aime voir cette magnifique femme bien en chair se déplacer. Ils préfèrent ce plaisir des yeux aux héros de jeux dérivés des aventures qu'interprète, par exemple, Arnold Schwarzenegger. » Eidos a également découvert que Lara Croft plaisait aux femmes. « Elles la prennent pour modèle : Lara n'est pas seulement audacieuse, mais possède également une excellente éducation[238]. »

Bien en chair et intelligente – cette combinaison a prouvé qu'elle avait aidé à faire de *Tomb Raider* un des jeux vidéo ayant remporté le plus de succès de tous les temps. Paramount Studios, qui voulait obtenir les droits pour faire de *Tomb Raider* un film d'action à succès, a prévu un budget de 100 millions de dollars en surplus.

Jusqu'à cette époque, pas un seul personnage de jeu vidéo n'avait fait la transition vers le cinéma. Beaucoup d'experts du monde cinématographique croyaient que Croft allait réussir là où d'autres avaient connu l'échec, parce que le personnage était doté d'une personnalité complexe et qu'il existait une trame d'histoires pleines d'aventures.

En ce qui concerne Angelina, le fait de jouer un personnage de jeu vidéo lui paraissait être un peu intimidant. « Réellement, toute cette histoire m'a fait un peu peur, a-t-elle admis. Pensez-vous que je sois faite pour un film d'action[239] ? »

Paul Baldwin, le directeur du marketing d'Eidos se remémore : « Nous avons signé le contrat pour le film en 1997 et nous avons pensé que, pour le commencement, nous auditionnerions des inconnues. Avoir quelqu'un comme Angelina Jolie représentait un rêve. Obtenir une actrice de son calibre est merveilleux ; elle possède à la fois le physique et le tempérament nécessaires au rôle[240]. »

En règle générale, Angelina correspond parfaitement au personnage. « Il n'y aura rien de stupide ou de mièvre dans ce film, avait-elle prévu. Le personnage principal est une dure, une combattante. Cela n'aura rien à voir avec un dessin animé. Il n'y aura rien de mignon, mais ça aura beaucoup de choses à voir avec notre planète[241]. »

Angelina a passé presque deux mois en Angleterre pour s'entraîner avant le début du tournage, en préparation pour son rôle qui promettait d'être très physique. « Je me lève et fais du yoga à sept heures du matin, ce qui est dément ! Je dois boire des substituts protéinés. Ils m'ont enlevé les cigarettes, l'alcool, le sucre… ainsi que Billy parce que je suis loin. » Angelina a déclaré qu'en plus elle s'entraînait aux sauts à l'élastique et au maniement de toutes les armes possibles avec les barbouzes des Forces spéciales. Elle pratiquait également la boxe thaïlandaise, le football européen et l'aviron. De plus, elle a dû parfaire son accent « british » et suivre un cours accéléré en étiquette. « Je pense que c'est vraiment drôle de me retrouver dans un cours de bonnes manières… », a-t-elle commenté en riant[242].

Que cela soit dû à son mariage avec Thornton ou tout simplement au fait qu'elle ait pris de la maturité en vieillissant, Angelina était une personne transformée. Fondamentalement, elle était restée la même que pendant la courte époque où elle se mutilait et se complaisait dans l'angoisse existentielle et la déprime. La manière avec laquelle elle résolvait ses émotions et sa vie avait changé. À la place de se cacher dans le travail, elle voyait qu'elle pouvait se brancher sur le monde grâce à celui-ci.

« Il y a eu une époque où je me demandais si je devais vivre ou mourir, a-t-elle révélé un jour. Toutefois, lorsque vous devez vivre quelque chose comme cela, vous perdez complètement la notion de peur, étant donné que vous vous trouvez au bord du précipice et que vous vous êtes engagée à vivre. C'est ce qui fait qu'en fin de compte vous vous sentez bien[243]. »

Au contraire du personnage qu'elle incarne dans le film, Angelina n'est pas autant au bord du précipice que les entrevues et les rôles peuvent le suggérer. Et, indépendamment de la façon avec laquelle certaines personnes peuvent interpréter ce qu'elle dit, Angelina ne connaît qu'une façon de communiquer. « Je partagerai tout parce que c'est ce que je désire. Cela m'aide à continuer à travailler. Et je n'ai rien à cacher[244]. »

Après le tournage de *Tomb Raider*, la capacité de communiquer d'Angelina l'a placée dans une position où elle pouvait aider les gens sur un plan mondial et où elle s'est transformée en une véritable philanthrope.

CHAPITRE 12

L'ACTIVISTE HUMANITAIRE

Si les rôles qu'elle avait assumés dans *Gia* et dans *Une vie volée* prouvaient qu'Angelina avait du mordant, ce fut *Lara Croft : Tomb Raider* qui en fit vraiment une vedette internationale du box-office. Après avoir, pendant plusieurs années, sondé les abysses émotionnels de ses personnages, interpréter les héroïnes de films d'action fut pour elle comme une bouffée d'air frais.

« Pour la première fois, je tournais quelque chose de vraiment grand public, remarqua-t-elle en 2001. Certaines personnes ne se permettent pas de faire du conventionnel, même si cela les amusait, parce qu'elles s'imaginent qu'en faisant du cinéma populaire elles risquent de perdre leur crédibilité. Elles se prennent donc trop au sérieux. Il est certain qu'au cours de mon existence, je me suis immergée dans les rôles compliqués et noirs et j'ai joué la carte psychologique. Parfois, il est très difficile de s'éveiller à la vie, d'être fière, confiante, en bonne santé, forte, aventureuse, légère et de rigoler sans retenue. Pour moi, du

moins, c'est difficile, oui, difficile de me libérer... »
Angelina fait remarquer que *Lara Croft* n'avait pour objectif que de distraire le public, mais, à son avis, amuser les
foules est aussi important et aussi compliqué que de traiter
de sujets cinématographiques complexes[245].

Lara Croft : Tomb Raider a engrangé 300 millions de
dollars à travers le monde, catapultant Angelina dans un
espace à l'air plutôt raréfié où évoluent généralement des
acteurs mâles comme Tom Cruise et Duane « The Rock »
Johnson. Heureusement pour elle, elle effectua la transition sans se prendre la tête. Le producteur Lawrence
Gordon remarqua : « En ce qui me concerne, Angelina est
parfaite en Lara Croft. En fait, je frissonne à l'idée d'avoir
eu à me préoccuper de qui nous aurions bien pu prendre
comme actrice si, par malchance, elle avait refusé le rôle.
Elle n'aurait pas pu être meilleure qu'elle l'a été. Quant à
elle, il lui a fallu énormément d'entraînement et de tripes
pour se lancer dans cette aventure[246] ! »

Simon West, le metteur en scène de *Lara Croft : Tomb
Raider*, se montrait non moins enthousiaste. Même s'il
connaissait ses antécédents, il se surprenait de constater
combien Angelina pouvait être juste dans le rôle hautement
fantaisiste de la pilleuse d'antiquités aux charmes
émouvants. « C'est l'une de ces actrices naturelles de
génie ! » s'émerveilla-t-il[247]. »

Pendant que *Lara Croft* se révélait une étape importante
dans la vie professionnelle d'Angelina, cela lui permit également de passer du monde du spectacle à celui de l'humanitaire. N'ayant jamais aimé « jouer les vedettes », Angelina
apprit qu'elle pouvait compenser les aléas de sa célébrité en

mettant celle-ci au service de bonnes causes. Le processus avait pris forme plusieurs années auparavant. Alors qu'elle tournait *Original Sin (Péché originel)* au Mexique, elle reçut le scénario d'un film appelé *Beyond Borders (Sans frontière)*, un drame romantique sur un groupe de travailleurs humanitaires dans des pays déchirés par la guerre, comme le Cambodge et l'Éthiopie.

Angelina déclara que ce scénario l'avait émue aux larmes et incitée à accepter un rôle qui lui permettrait de mieux comprendre la situation qui sévit dans de tels pays[248]. Malheureusement, la production fut mise en suspens. Elle avait subi une foule de changements et risquait fort de se retrouver dans les oubliettes. Le premier metteur en scène pressenti avait été Oliver Stone, avec Kevin Costner et Catherine Zeta-Jones en guise de vedettes. Enceinte, Mme Zeta-Jones laissa tomber le tournage et fut remplacée par Meg Ryan qui, à son tour, abandonna le projet. C'est alors qu'on fit parvenir le script à Angelina. Costner déclara forfait à son tour et fut remplacé par Ralph Fiennes, mais les producteurs voulaient un homme moins intellectualisé. Ils renvoyèrent donc Fiennes et engagèrent Clive Owen. Pour corser le tout, Oliver Stone laissa tout choir.

« Lorsque j'ai appris par un coup de fil que ça n'allait pas marcher, je me suis mise à pleurer, explique Angelina qui en déduisit qu'elle pouvait fort bien s'occuper du Tiers Monde elle-même et faire le voyage. « Je suis une personne et je vais m'en occuper personnellement[249]... », se dit-elle.

Angelina approcha les Nations Unies et contacta ensuite leur Haut-commissariat pour les réfugiés (HCR). Elle parvint à convaincre les responsables de l'organisme de la

laisser voyager en Sierra Leone, où une guerre particulièrement brutale sévissait. Elle passa deux semaines à visiter
des camps de personnes déplacées, ce qui changea radica-
lement sa vie. Elle déclara que ce voyage l'avait mieux
préparée à ce genre d'expérience. Et ajouta : « Je ne me
plaindrai plus jamais à propos de détails stupides comme je
le faisais, je ne serai plus autodestructrice. Je ne manquerai
pas d'apprécier le toit que j'ai la chance d'avoir sur la tête
ainsi que les aliments qui se trouvent sur ma table[250]. »

Ce qui avait commencé comme une recherche se trans-
forma en vocation, et le sort des réfugiés devint la principale préoccupation humanitaire d'Angelina. En août 2001,
elle fut nommée « ambassadrice de bonne volonté » des
Nations Unies lors d'une cérémonie qui se tint à Genève.
Kris Janowski, le porte-parole du Haut-commissariat pour
les réfugiés, déclara que l'actrice était le genre de personne
capable de faire passer le message de son organisme aux
jeunes gens[251].

C'est avec une vive émotion qu'Angelina Jolie se souvient
de sa visite dans certains camps de réfugiés au Pakistan,
notamment à des enfants sans abri cherchant quelque
nourriture dans les bennes à ordures. Elle a d'ailleurs
encore de la difficulté à en parler, d'autant plus que la
lumière semble loin d'être en vue dans le tunnel de misère
où se trouvent ces défavorisés. Malgré leurs conditions de
vie déplorables, l'actrice a été impressionnée par leur sens
de l'entraide et leur dignité[252].

Il ne fallut guère de temps pour s'apercevoir qu'Angelina
n'était pas simplement qu'un porte-parole décoratif de
l'ONU cherchant à se faire de la publicité. Un mois plus

tard, en septembre 2001, elle fit don de un million de dollars aux réfugiés afghans. Dans un communiqué officiel, le Haut-commissaire Rudd Lubbers déclara : « Cette substantielle contribution de la part d'une jeune Américaine renforce mes convictions qu'en dépit des traumatismes causés par les récents événements survenus dans son pays (il se référait aux attentats du 11 septembre), un fort sentiment de responsabilité humanitaire envers les civils innocents qui souffrent en des points éloignés du globe continue à animer partout des personnes qui tiennent à préserver le visage humain de nos sociétés[253]. »

En novembre, Angelina retourna au Cambodge une semaine, accompagnée cette fois-ci par Billy Bob Thornton. En visitant un orphelinat, elle craqua pour un bébé, un garçon. « Il était endormi, se souvient-elle. Ils l'ont placé dans un bassin et arrosé d'eau. Il ne se réveilla pas et on me le déposa dans les bras. C'est alors qu'il ouvrit les yeux et me sourit. Le contact fut instantané ! » L'actrice s'empressa d'entreprendre les démarches d'adoption[254].

Angelina et Thornton annoncèrent officiellement l'adoption de l'orphelin le 12 mars 2002, mais seul le nom de l'actrice apparaissait sur les documents. À cette époque, Angelina tournait les extérieurs de *Sans frontière*, un projet longtemps retardé. Elle nomma son fils Maddox. « Il n'avait que sept mois et nous nous trouvions au cœur de l'Afrique. Lorsque les caméras ne tournaient pas, je m'en occupais à chaque instant[255]. »

Quatre mois plus tard, Angelina et Thornton annoncèrent qu'ils divorçaient après seulement deux ans de mariage. Malgré qu'Angelina ait vraiment été amoureuse de Billy Bob lorsqu'ils se sont mariés, elle admet que, peu à peu, ils se sont détachés l'un de l'autre jusqu'au jour où ils sont devenus des étrangers. Elle précisa que l'adoption de Maddox n'avait rien à voir avec leur séparation, car leur mariage battait déjà de l'aile bien avant que le petit Cambodgien ne vienne vivre avec eux.

Si son divorce d'avec Miller s'était révélé particulièrement stressant sur le plan émotionnel, car ils étaient de bons amis et s'aimaient encore, Angelina affirme qu'elle ne ressentit guère de regrets lorsqu'elle se sépara de Thornton. « Il n'existait plus de liens d'amitié entre nous. C'était simplement une affaire de paperasses à signer, et nous avons chacun suivi notre chemin[256] », laissa-t-elle entendre.

Ce divorce ne laissa pas Angelina amère pour autant, mais la rendit méfiante à l'égard de toute autre union éventuelle. « J'ai juste découvert que le mariage n'était pas mon truc, a-t-elle affirmé en 2003. Si je peux avoir un amant ou un copain dans ma vie pendant un moment, tant mieux, mais je ne crois pas à la permanence des liens affectifs, et c'est en fait ce qu'est le mariage. S'il fallait que je prenne un compagnon de vie, il faudrait qu'il soit beaucoup plus qu'un mari. Il devra d'abord être un père pour Maddox, et ça, ce devrait être permanent. Je ne voudrais pas que Maddox souffre de la séparation de ses parents[257]. »

Peu après son divorce, Angelina se brouilla avec son père. Le 1er août 2002, alors qu'il passait à l'émission télévisée *Access Hollywood*, Jon Voight accusa sa fille de souffrir de graves problèmes psychiatriques. Se décrivant comme « un père au cœur brisé », le visage baigné de larmes, il déclara : « J'ai essayé de rejoindre ma fille et de lui obtenir de l'aide, mais j'ai échoué et j'en suis désolé[258]. » Il expliqua avoir beaucoup de peine du fait qu'on ne le laissait pas voir Maddox.

Il récidiva d'ailleurs sur *E ! Entertainment Television* en précisant avoir recommandé à sa fille de consulter un psychiatre. Il ajouta avec conviction : « Je suis désolé de ne pas être intervenu plus tôt pour m'occuper de ses problèmes psychiatriques, mais j'ai tout essayé de manière indirecte ... Ma fille ne veut pas me voir parce que je lui ai exposé clairement quelle était sa situation et quel genre d'aide elle avait besoin[259]. »

Angelina répliqua par voie de conférence de presse. « Je ne veux pas rendre publiques les raisons des mauvaises relations que j'ai avec mon père. Je dirai seulement que, comme tous les enfants, mon frère Jamie et moi souhaiterions pouvoir entretenir des rapports cordiaux et affectueux avec notre père. Mais, après toutes ces années, j'ai décidé qu'il était malsain pour moi de fréquenter ce dernier, tout spécialement depuis que je suis responsable de mon propre enfant[260]. »

CHAPITRE 13

UNE FAMILLE GLOBALE

La maternité a peut-être réglé les problèmes existentiels d'Angelina, mais elle n'a rien fait pour étouffer sa candeur. Lors de toutes les entrevues qu'elle donnait à la presse pour la promotion d'*Alexandre*, elle se montrait trop heureuse de dire, à tous ceux qui la questionnaient, que si sa vie amoureuse se trouvait en suspens, sa vie sexuelle était très satisfaisante. Et comment !

« J'ai deux amants à l'heure actuelle et ce sont des hommes tous les deux, enfin pour le moment... Je pense que c'est très sain si vous vous protégez sexuellement et si vous ne mettez pas en péril votre famille », a-t-elle dit en expliquant avoir entretenu des relations d'amitié avec ses amants avant de s'engager sexuellement avec eux. Et elle a clarifié dès le début avoir fréquenté des personnes pour profiter de leur compagnie et non par amour. « Dans toute affaire de ce genre, vous devez prendre garde à ce que personne ne soit blessé. Cela fait deux ans que je sors avec l'un d'entre eux et nous discutons de la vie, de politique, nous partageons des lectures. Il est, en ce moment, un de mes meilleurs amis. Il existe un stéréotype voulant que les femmes doivent donner leur cœur dans une relation alors que les hommes ne font que donner leur zigounette. Toutefois, je ne crois pas à ces balivernes[261]. »

Angelina a ressenti le désir de donner des frères et sœurs à Maddox quand celui-ci a grandi. Elle a également révélé que Maddox commençait à lui demander ce que signifiait le mot « papa ». D'une part, elle a déclaré qu'elle aurait aimé que Maddox ait un papa, mais qu'elle s'engageait à ne pas choisir n'importe qui. Maintenant qu'Angelina avait Maddox, elle disait : « Ce que je recherche dans un homme a changé. Avant, j'étais en quête d'un ami avec qui pouvoir me divertir, faire les quatre cents coups, me perdre. Actuellement, je cherche un homme qui possède les mêmes valeurs morales que moi, qui aspire au même avenir, qui puisse élever mes enfants et aborder le monde de la même façon que moi. Je ne pourrai jamais être avec quelqu'un qui serait un mauvais père[262]. »

Angelina a également laissé courir la rumeur qu'elle et son partenaire dans le film *Alexandre*, Colin Farrel, entretenaient une liaison. Elle a admis avoir discuté de cette possibilité, mais qu'ils avaient décidé qu'ils se ressemblaient trop pour cela et qu'il était préférable de rester des amis plutôt que de devenir amants.

De nombreux journalistes ont remarqué qu'Angelina, qui venait de passer son brevet de pilote, semblait plus heureuse qu'elle ne l'avait été dans le passé, une opinion qu'elle partageait. « Maintenant, je suis capable d'aimer jouer des rôles. Dans le passé, il s'agissait de quelque chose dont j'avais besoin parce que je vivais par procuration, grâce aux personnages que j'interprétais. Ces derniers semblaient toujours avoir des vies plus intéressantes que la mienne. Ce n'est plus le cas à l'heure actuelle et je peux me présenter sur un plateau de tournage et me divertir. Je ne ressens plus la pression des critiques ni les soucis quant à l'avenir d'un film », a-t-elle expliqué[263].

En dépit de cette tranquillité fraîchement acquise, Angelina allait se retrouver accusée d'être une briseuse de foyer.

Le 7 janvier 2007, Brad Pitt et Jennifer Aniston ont annoncé, dans une déclaration faite au magazine *People,* qu'ils allaient se séparer après quatre ans et demi de mariage.

« Pour les personnes que ce genre de choses intéresse, nous aimerions expliquer que notre séparation n'est pas le résultat de spéculations telles que rapportées dans certains tabloïdes, ont déclaré Pitt et Aniston. Cette décision est le résultat d'une mûre réflexion. Nous restons engagés l'un envers l'autre et de véritables amis éprouvant beaucoup d'admiration et d'amour l'un pour l'autre. Nous vous prions de vous montrer sensibles et gentils au cours des mois qui vont suivre[264]. »

Les potiniers des médias ont presque immédiatement pointé du doigt Angelina comme étant la raison de la rupture. Des paparazzis avaient photographié les deux tourtereaux, en octobre 2004, alors qu'ils se trouvaient en Italie sur les lieux de tournage du prochain film, *Mr. And Mrs. Smith.* Sur la photo, Angelina et Brad Pitt ne font que se promener ensemble, toutefois leur langage corporel implique une troublante intimité. Les tabloïdes ont commencé à faire circuler des histoires sur des problèmes vécus par le couple Pitt-Aniston et laissèrent entendre à plusieurs reprises que Jennifer était rageusement jalouse d'Angelina, que Brad Pitt et Angelina entretenaient une relation, que Jennifer ne voulait pas mettre sa carrière entre parenthèses pour avoir des enfants (au grand dam de Pitt) et qu'elle avait surpris une conversation téléphonique où Brad « faisait l'amour au téléphone » avec Angelina. Toutes ces croustillantes allégations ont été démenties par Brad Pitt. Chose certaine, il était impossible de démentir qu'Angelina et Brad avaient commencé à passer beaucoup de temps ensemble après la séparation de ce dernier. En mars 2005, Aniston a entamé des procédures de divorce et, au moment où celui-ci a été accordé, en août 2005, il était évident que la relation entre Brad Pitt et Angelina avait dépassé les liens d'amitié. Les photos prises de Pitt en train de jouer avec Maddox, alors qu'ils étaient tous trois en vacances au Kenya, constituèrent un élément très révélateur.

Ce ne sera qu'après la naissance de leur fille Shiloh qu'Angelina finira par parler publiquement des premiers moments de leur relation, qui avait commencé lors de la pré-production de *Mr. And Mrs. Smith,* au début de 2004. Angelina raconte qu'à l'époque, tout ce qu'elle connaissait de Brad provenait des lectures qu'elle avait faites dans les médias. Elle a également déclaré que pas plus lui qu'elle n'avait le désir de s'embarquer dans une relation. « Je me trouvais particulièrement heureuse de mon rôle de mère célibataire avec Mad. Et… il était clair qu'il vivait avec sa meilleure amie, avec quelqu'un qu'il aimait et qu'il respectait. C'est ainsi que nous vivions tous deux, je crois, des vies très enrichissantes[265]. »

Les deux stars sont devenues très vite de bons amis en travaillant ensemble. Quelques mois après le début du tournage, Angelina a déclaré qu'elle commençait à attendre avec impatience les journées de travail où elle serait en compagnie de Brad. Elle a expliqué qu'ils ont commencé à ressentir qu'ils formaient un couple, alors que pas un d'entre eux n'avait totalement réalisé l'ampleur de ce qui leur arrivait avant la fin du tournage. Étant donné qu'ils comprenaient qu'il s'agirait de quelque chose de très important pour tous les deux, Angelina a dit qu'ils avaient décidé d'attendre pour ne prendre une décision qu'après mûre réflexion[266].

Angelina, tout comme Brad Pitt, a déclaré ne pas avoir eu de liaison. Connaissant l'immense chagrin que sa mère avait éprouvé, elle a dit qu'elle n'avait tout simplement pas voulu avoir de liaison avec un homme marié. C'est ainsi qu'elle et Brad ont développé des liens d'amitié à la place. « Nous avons passé beaucoup de temps à penser et à parler de ce que nous désirions de la vie, et nous avons réalisé que nous désirions des choses très, très semblables. Et nous avons continué à prendre notre temps[267]. » Ils ont fini par décider qu'ils devraient vivre ensemble – avec un peu d'aide de Maddox.

« Il y a eu la rencontre de Maddox et de Brad. Ce contact entre un père et un enfant est très important, estime-t-elle. Il ne m'était jamais venu à l'esprit que Maddox allait avoir besoin d'un père – et certainement pas que ce serait cet homme que je venais de rencontrer. Bien sûr, jusqu'à ce que je fasse la connaissance de Brad et que je réalise qu'il est naturellement un excellent père. Et nous avons laissé tout cela entre les mains de Mad. Il a bien réfléchi et, un beau jour, il a pris sa décision[268]. »

Angelina raconte qu'un jour, elle, Maddox et Brad jouaient aux petites autos dans une chambre d'hôtel lorsque Maddox l'a appelé « Papa ». « Nous l'avons entendu tous les deux et nous n'avons rien dit. Nous nous sommes contentés de nous regarder. Il s'est agi probablement du moment qui a tout déterminé, lorsqu'il a décidé que nous devrions devenir une famille[269]. »

Angelina et Brad ont dirigé leur relation naissante dans une intimité très fermée. Étant donné qu'ils avaient refusé d'admettre qu'il *existait* une liaison entre eux depuis aussi longtemps, les médias du spectacle et les tabloïdes ont essayé de remplir les blancs – notamment avec l'aide des amis d'Aniston. On voulait jouer sur le fait qu'il s'agissait d'un moment mal choisi, alors que, soi-disant, Jennifer voulait fonder une famille avec Brad. « Elle ne désirait pas mettre un enfant au monde dans une union malheureuse, a déclaré une amie. Elle vient d'une famille désunie et elle sait qu'avoir un enfant ne résout rien[270]. »

Quelques analystes de l'industrie cinématographique se sont demandé si tout ce déploiement médiatique concernant Angelina et Brad Pitt ne nuirait pas au film *Mr. And Mrs. Smith*, une comédie tragique concernant un couple marié composé de deux tueurs professionnels engagés à leur insu pour se tuer mutuellement. « Brad et moi avons dû participer à de nombreuses scènes de lutte, a rappelé Angelina, mais c'était bien parce que nous sommes tous les deux très compétitifs dans la vraie vie que l'action est devenue très intéressante[271]. »

Il était inutile que le studio s'inquiète. *Mr. And Mrs. Smith* est sorti en salles le 7 juin et a remporté un grand succès au box-office – une réussite majeure de la carrière d'Angelina. Le courant passait si bien entre eux que l'atmosphère en était électrique.

La critiqué Constance Gorfinkle s'est enthousiasmée : « Brad Pitt dans le rôle de John Smith et Angelina dans celui de Jane Smith sont absolument parfaits. En réalité, ils sont en passe de devenir les nouveaux Cary Grant et Katherine Hepburn du fait qu'ils ont tant d'affinités et qu'ils font preuve de tant d'ironie et de confiance. C'est un plaisir de les voir. Il est un vrai que Brad Pitt n'a pas eu un aussi bon rôle depuis son engagement bref et remarquable dans *Thelma et Louise*[272]. »

Brad Pitt et Angelina ont ajouté un nouveau membre à leur famille, en juillet 2005, quand ils ont adopté une orpheline éthiopienne âgée de cinq mois, atteinte du SIDA. Angelina et Brad ont appelé leur fille Zahara Marley Jolie. Zahara est un nom swahili qui signifie « fleur ». Tout comme cela s'était déroulé pour l'adoption de Maddox, Angelina a adopté Zahara en tant que mère célibataire parce qu'elle et Brad n'étaient pas mariés. Brad a adopté par la suite Zahara et Maddox, et leur nom a été changé pour Jolie-Pitt.

Angelina a expliqué alors qu'elle était allée en Éthiopie chercher Zahara. « Mon fils adore l'Afrique et il a demandé à avoir un petit frère ou une petite sœur africaine [...] Je désire créer une famille arc-en-ciel, c'est-à-dire des enfants possédant des religions et des cultures différentes provenant de pays variés. »

172

Malgré le fait qu'Angelina n'ait pas précisé le moment où les relations d'amitié qu'elle entretenait avec Brad Pitt se sont transformées en relations amoureuses, une chose est certaine : elle est devenue enceinte dans le courant du mois de septembre 2005 – Maddox et Zahara allaient avoir un petit frère ou une petite sœur. Le 11 janvier 2006, Angelina et Brad ont finalement reconnu qu'ils formaient un couple lorsqu'ils ont annoncé sa grossesse par le truchement de l'agent publicitaire de Brad Pitt (Angelina n'emploie pas ce genre d'agent). Ils ont également confirmé les nouvelles qui disaient que Brad avait entamé les procédures d'adoption de Maddox et de Zahara.

Angelina a admis que cette grossesse avait été planifiée, ce qui signifie que la femme, qui avait toujours dit qu'elle n'éprouvait aucun intérêt à mettre un enfant au monde, avait changé. « Avant de rencontrer Brad, j'avais toujours dit que j'étais heureuse de ne jamais avoir d'enfant biologique. Il m'a dit qu'il n'avait jamais renoncé à être père. Quelques mois plus tard, Zahara est arrivée à la maison ; j'ai vu comment Brad se comportait avec Maddox et Zahara, et j'ai réalisé à quel point il les aimait et combien un enfant biologique ne serait pas une menace. Alors, je lui ai dit : "Je veux bien essayer[274]". »

L'annonce a été faite lorsque Angelina était sur le tournage du film *The Good Shepherd (Raison d'État)*, où elle jouait en compagnie de Matt Damon. Ce film, dirigé par Robert De Niro, raconte l'histoire des débuts de la CIA, grâce au personnage interprété par Damon. Angelina tient le rôle de sa femme à l'esprit tourmenté, Clover, l'éternelle insatisfaite qui ne supporte les tensions que lui occasionne la vie clandestine de son mari qu'en devenant alcoolique. Ce personnage était une nouveauté pour Angelina, qui n'est pas connue pour interpréter de rôles de femmes fragiles. Angelina qualifie son rôle dans *Raison d'État* comme étant une étude sur la contrainte. Son personnage vivait à une époque où il était attendu qu'elle conserve une certaine décence et un certain sang-froid, indépendamment du fait qu'elle soit malheureuse ou qu'elle désire mettre fin à son mariage. Angelina ne pouvait pas s'identifier avec ce genre de contrainte. Elle a donc essayé de se concentrer sur le rôle grâce à leur lien commun avec la maternité[275].

Angelina a également éprouvé des difficultés à se retrouver dans quelqu'un d'aussi secret. À ce propos, elle affirme : « Je n'ai jamais connu cela dans ma vie, car j'ai toujours épousé des artistes et que ce sont des êtres très bavards et expressifs. C'était donc bizarre. Mais je pense que c'est ce qui était intéressant dans ce personnage, une femme perdue, confuse et prise au piège. Finalement, j'ai fini par la percevoir comme étant quelqu'un d'aussi fort que possible pour cette époque-là et j'ai vraiment aimé qu'il y ait eu tant de choses brisées dans sa vie. Je n'ai pas souvent l'occasion d'interpréter de tels rôles[276]. »

Et maintenant qu'elle était la mère de deux enfants et qu'elle en attendait un troisième, le nombre de rôles qu'elle allait jouer allait diminuer. « Mon choix de rôles va dépendre de la longueur des tournages », a-t-elle dit en 2006. « Je ne pense pas avoir participé à des tournages qui durent plus de sept semaines au cours des deux dernières années. Je dois m'assurer d'avoir suffisamment de temps pour mes enfants[277]. »

L'intérêt des médias pour le couple s'est déchaîné au fur et à mesure que progressait la grossesse d'Angelina. Pour échapper aux paparazzis britanniques et américains, Angelina et Brad Pitt ont décidé de s'isoler dans un pays lointain et pauvre de deux millions d'habitants, la Namibie. Ils sont partis durant le mois d'avril pour y attendre la naissance de leur enfant et habitaient au Burning Shore Beach Lodge. Les tabloïdes britanniques ont déclaré que le couple de vedettes avait exigé que la Namibie interdise aux journalistes d'entrer dans le pays. Toutefois, le ministre du Tourisme, Leon Jooste, a déclaré que la décision de restreindre les visas avait été prise par des personnalités officielles du gouvernement.

« La situation échappait à tout contrôle à cause des paparazzis, a déclaré Jooste. Cependant, ils n'ont jamais rien demandé ; ils n'ont fait que me dire : "Écoutez, la situation échappe à tout contrôle." C'est ainsi que j'ai parlé à quelques personnes du gouvernement. Pour un petit pays comme le nôtre, avec une petite économie et une industrie touristique croissante, il s'agit d'une bonne stratégie de marketing[278]. »

Quelques groupes des droits de l'homme ont accusé la Namibie de ne pas respecter les lois lorsque des photographes ont été expulsés de ce pays au début du mois de mai. Le premier ministre Nahas Angula a fait fi des critiques : « Cette dame est enceinte, a-t-il déclaré. Vous la harcelez... et le harcèlement n'est pas autorisé en Namibie[279]. » Il fallait y penser.

Shiloh Nouvel Jolie est née par césarienne le 27 mai 2006 au Cottage Hospital à Swakopmund et son poids était de

7 livres, soit 3,18 kilos. Angelina a décrit l'hôpital comme étant une sorte de villa à la campagne. « Je ne pense pas qu'il y ait eu quelqu'un d'autre que moi dans l'établissement ... Cela a vraiment été fantastique. Nous avons eu des infirmières et des médecins sensationnels. C'était merveilleux et très personnalisé[280]. » Un docteur américain a travaillé en compagnie de ses confrères namibiens.

Angelina raconte qu'elle a choisi le nom Shiloh parce que c'était celui que ses parents auraient choisi si sa mère n'avait pas fait de fausse couche. Mon père était en tournage en Géorgie et ce nom était le plus représentatif des États du Sud qu'ils avaient pu trouver, a-t-elle révélé. Je l'ai toujours aimé. C'est celui que j'utilisais lorsque je m'inscrivais dans un hôtel : « Shiloh Baptist », un nom d'emprunt auquel je recourais lorsque Brad appelait les hôtels où je descendais[281]. »

Angelina a admis avoir éprouvé quelques instants d'angoisse durant la naissance. « Vous savez, vous êtes consciente pendant l'accouchement, ce que je n'avais pas connu dans le cas de mes deux premiers enfants. Vous éprouvez soudainement des moments de terreur en vous imaginant que le bébé ne parviendra pas à prendre sa première respiration. C'était mon unique préoccupation ; tout ce que je voulais était de l'entendre pleurer[282]. »

Le magazine *People* a réussi à obtenir les premières photos publiées de Shiloh pour la bagatelle de quatre millions de dollars. Cette somme considérable a fait l'objet d'une donation de la part de Brad Pitt et d'Angelina à des œuvres de bienfaisance pour les enfants africains. Avant la naissance de Shiloh, Angelina a participé à une entrevue pour l'émission *Today*, alors qu'elle se trouvait en Namibie pour faire

176

la promotion d'une meilleure éducation dans les endroits les plus pauvres du globe.

« Je pense, dans le cas de ma fille, que si elle avait été africaine, elle n'aurait pas eu la possibilité d'aller à l'école. Elle est si intelligente et si forte. Et son potentiel, en tant que femme, est si grand, a-t-elle remarqué. J'espère qu'elle sera active dans son pays et dans son continent lorsqu'elle sera plus vieille... Vu qu'elle bénéficiera d'une bonne éducation, elle sera capable de faire encore plus de choses[283]. »

Angelina n'est pas seulement un apôtre, elle est également une bienfaitrice. Elle a révélé qu'elle avait donné un tiers de ses revenus à des organismes de charité et dit en plaisantant : « Oui, je sais, c'est débile. Mon revenu est hors de proportions pour le travail que je fournis[284]... »

En juin 2006, Angelina a signé un contrat pour le premier film depuis la naissance de Shiloh, *A Mighty Heart (Un cœur invaincu)*, qui relate le véritable kidnapping et la décapitation du reporter du *Wall Street Journal*, Daniel Pearl. Angelina joue le rôle de la femme enceinte de Pearl, Mariane. Brad Pitt était le producteur. De façon ironique, Mariane Pearl avait commencé à parler à Brad Pitt au sujet de la production du film avant que lui et Angelina ne commencent à se fréquenter.

Mariane Pearl avait contacté Angelina et suggéré qu'elles se rencontrent après avoir lu une entrevue que l'artiste avait donnée sur la vie d'une mère célibataire. « Son instinct était juste, a déclaré Angelina, et nous avions tant en commun. Nos enfants sont maintenant devenus de bons amis. Ainsi,

Zahara adore Adam », a-t-elle ajouté en faisant référence au fils de Mariane[285].

Jolie a déclaré que leur amitié ainsi que l'engagement de Brad Pitt sont devenus un peu éprouvants pour les nerfs. « Le fait que votre partenaire soit le producteur peut paraitre être une excellente idée, mais peut aussi exercer certaines contraintes ; il faut tout faire selon ses standards ainsi que ceux de Mariane. J'ai subi tellement de pression que je n'en dormais plus », a-t-elle déclaré[286].

En novembre 2006, Angelina et Brad Pitt ont fait un voyage discret au Viêtnam où ils ont visité l'orphelinat Tam Binh près de Ho Chi Minh City et ont fait les démarches nécessaires pour adopter un petit garçon de trois ans. Au cours du mois de mars suivant, Jolie est retournée pour prendre la charge de son nouveau fils nommé Pax Thien.

« Pax est un enfant formidable, a-t-elle dit. Lorsque nous l'avons rencontré pour la première fois, nous avons pensé qu'il était très timide et tranquille, mais, après avoir vécu deux jours à la maison, nous avons découvert qu'il est un des membres les plus turbulents de la famille[287]. » Tout comme Maddox. Pax a un professeur de vietnamien qui fait en sorte qu'il ne perde pas sa langue maternelle.

Angelina reconnaît que l'adoption d'un enfant de quelques années est plus difficile que l'adoption d'un bébé et qu'elle n'aurait pas été prête à relever ce genre de défi plus tôt. « J'ai toutefois ressenti que notre foyer était stable et que je pouvais équilibrer tout cela, a-t-elle dit. Pax a beaucoup pleuré pendant les deux premiers jours et puis il s'est apaisé. Angelina a expliqué : « Je pense qu'il s'est

178

adapté à la réalité d'avoir quelqu'un qui l'aime, et c'est exactement ce qu'est une maman[288]. »

La décision d'adopter un enfant asiatique a été prise en tenant compte de leurs autres enfants adoptés. « Quelque chose a changé en moi à la naissance de Shiloh, a dit Angelina. Nous avions Mad et Z, et ni l'un ni l'autre ne ressemblait à papa ou à maman. Et puis, tout à coup, il y a eu dans la maison quelqu'un qui ressemblait à papa et à maman. Pour établir le contact, il est devenu clair qu'il serait important qu'il y ait quelqu'un de semblable aux autres enfants. C'est comme ça que Mad s'est montré enthousiasmé d'avoir un frère asiatique[289]. »

D'une façon tragique, la mère d'Angelina n'a jamais pu rencontrer Pax. Marcheline Bertrand est décédée le 27 janvier 2007 à la suite d'une longue lutte contre un cancer des ovaires et du sein. Elle avait 56 ans. Sa mort a frappé lourdement Angelina et son frère James. Angelina a perdu du poids et a souffert de crises de larmes subites. Malgré son chagrin, Angelina était reconnaissante que sa mère ait vécu assez longtemps pour voir ses deux enfants heureux « On a presque l'impression qu'elle a tenu assez longtemps pour que tout soit bien avant de partir[290].... »

Marcheline Bertrand est morte au Cedar Sinai à Los Angeles. « J'ai eu la responsabilité d'aller à la morgue chercher son corps, a raconté Angelina. Tout ce que je devais faire était de me souvenir qu'elle était ma meilleure amie et qu'elle ne souffrait plus. J'étais heureuse pour elle. Elle me manque énormément, mais je suis suffisamment son amie pour ne pas avoir désiré qu'elle continue à souffrir[291]. »

En janvier 2008, des rumeurs ont circulé annonçant qu'Angelina était de nouveau enceinte. En mai, lors du Festival de Cannes, elle a confirmé qu'elle attendait des jumeaux. Elle n'est pas retournée en Afrique pour cette grossesse. Le clan Jolie-Pitt a attendu l'arrivée des jumeaux dans une villa louée dans le sud de la France. Évidemment, chacun de leurs faits et gestes était suivi et rapporté dans les moindres détails, ce qui a incité Angelina à espérer enfin le jour où leur popularité baisserait. « J'espère que le jour où les enfants seront suffisamment vieux pour comprendre, nous serons moins en vue des médias. Nous ferons moins de films et nous ne serons plus le couple dont tout le monde parle[292]. » Deux semaines avant la date prévue pour sa césarienne, Angelina est entrée à l'hôpital Lenval à Nice pour se reposer et rester en observation. Elle a donné naissance aux jumeaux dans la soirée du 12 juillet : Knox Leon et Vivienne Marcheline. Ils sont nés à une minute d'intervalle. Son obstétricien, le Dr Michel Sussmann a procédé à la césarienne.

En août 2008, le couple Angelina Jolie et Brad Pitt a vendu les premières photos de leurs jumeaux pour la somme de 14 millions de dollars au magazine *People* et au tabloïde britannique *Hello!* L'argent a été versé à la fondation Jolie-Pitt qui fournit de l'aide humanitaire à travers le monde, par exemple le million de dollars qui a été versé en juin 2008 pour aider les enfants irakiens.

Jusqu'à maintenant, le travail d'Angelina a été constant avec les films *Kung Fu Panda, Wanted (Choisis ton destin) et Changeling (L'échange)*, qui sont sortis en 2008. « Je prends les films très au sérieux, a-t-elle communiqué. J'aime pouvoir raconter une bonne histoire ou tout simplement divertir. La seule chose lorsque j'arriverai à la fin du jour, lorsque je mourrai, je pense que la contribution la plus significative que j'aurai faite aura été de sauver une vie ou de faire changer une loi qui affectera les gens, leurs enfants, leur pays et leurs droits à l'avenir. » Pour autant qu'elle aime sa carrière d'actrice, son rôle de mère vient en premier. « Je veux élever des enfants qui deviendront de bonnes personnes et qui auront une influence positive dans ce monde. Tout ce que j'ai pu faire d'autre dans ma vie grâce à ma carrière a certainement aidé à faciliter cette autre partie[293]. »

Une chose qui ne représente pas une priorité pour Angelina, ou pour Brad Pitt, est le mariage. Brad Pitt a déclaré qu'il ne se marierait pas tant que tous les individus, y compris les couples homosexuels, ne pourraient pas se marier légalement. « Nous avons tous deux été mariés, le mariage n'est donc pas nécessaire pour que les gens restent unis, a déclaré Angelina. Nous sommes légalement liés à nos enfants, et non pas l'un à l'autre, et je pense que c'est ce qu'il y a de plus important[294]. »

CHRONOLOGIE

1975 Naissance d'Angelina Jolie le 4 juin à Los Angeles. Parents : Jon Voight et Marcheline Bertrand.

1978 Déménagement à Snedens Landings en compagnie de sa mère après le divorce de ses parents.

1982 Premier rôle au cinéma dans le film *Lookin' To Get Out*.

1986 Retour à Los Angeles.

Fréquente le Lee Strasberg Theatre Institute.

1988 Premières automutilations au moyen d'objets tranchants.

1991 Reçoit son diplôme de fin d'études secondaires du Beverly Hills High School.

Commence à travailler comme mannequin.

1993 Joue le rôle de Casella Cash, « Cash Reese », dans *Cyborg 2*.

182

1994 A un rôle dans la vidéo musicale *Meat Loaf : Bat Out of Hell*.

Commence une relation amoureuse avec Jenny Shimizu.

1995 Donne la réplique à Jonny Lee Miller dans *Hackers*. Joue le rôle de Kate Libby.

Est la vedette du film *Without Evidence* dans le rôle de Jodie Swearingen.

1996 Est une des deux vedettes principales du film *Foxfire* en tant que Margaret « Legs » Sidowski.

A le rôle de Gina Malacici dans *Love is All There Is*.

Est Eleanor « Elie » Rigby dans *Mojave Moon*.

Épouse Jonny Lee Miller le 28 mars.

1997 Tient le rôle de Georgia Virginia Lawshe Woods dans le film pour la télévision *True Women (Sœurs de cœur)* pour la chaîne CBS.

Est l'une des deux vedettes dans le rôle de Cornelia Wallace dans *George Wallace*.

Apparaît dans *Playing God (Le damné)*, dans le rôle de Claire.

S'inscrit à la New York University's Film School.

1998 Sort avec Timothy Hutton.

A le rôle de Gia Marie Carangi dans le film pour la télévision *Gia, Femme de rêve*.

A le rôle vedette de Joan dans *Playing by Heart (La carte du cœur)*.

Apparaît dans *Hell's Kitchen (Urban Jungle)*, en tant que Gloria McNeary.

Est proposée aux Emmys comme meilleure actrice principale dans *Gia* et comme meilleure actrice pour un rôle secondaire dans *George Wallace*.

Remporte le Golden Globe pour *George Wallace*.

Remporte le prix de la meilleure révélation féminine du National Board of Review pour une performance exceptionnelle dans *Playing by Heart (La carte du cœur)*.

1999   Divorce de Miller le 3 février.

Est Mary Bell dans *Pushing Tin (Les aiguilleurs)* où elle rencontre Billy Bob Thornton.

Est l'une des deux vedettes avec Denzel Washington dans *The Bone Collector (Le désosseur)*.

Tient le rôle de Lisa Rowe dans *Girl, Interrupted (Une vie volée)*.

Remporte le Golden Globe de la meilleure actrice dans une télésérie ou dans un minifilm pour son rôle dans *Gia, Femme de rêve*.

Remporte le prix SAG (Screen Actors Guild Award) pour *Gia, Femme de rêve*.

2000   Épouse Billy Bob Thornton le 5 mai.

Le magazine *People* la nomme comme étant une des cinquante personnalités les plus belles.

Partage la vedette avec Nicholas Cage dans le rôle de Sara « Sway » Wayland dans *Gone in 60 Seconds (60 secondes chrono)*.

Reçoit l'Oscar du meilleur second rôle féminin pour *Girl, Interrupted (Une vie volée)*.

Reçoit le Golden Globe pour *Girl, Interrupted (Une vie volée)*.

Est nommée meilleure actrice de l'année par le Hollywood Film Festival.

Remporte le prix SAG pour *Girl, Interrupted (Une vie volée)*.

2001   Tient le rôle vedette de Lara Croft dans *Tomb Raider (Lara Croft : Tomb Raider)*.

Tient le rôle de Julia Russel dans *Original Sin (Péché originel)*.

Nomination au mois d'août comme « Ambassadrice » par le Haut-commissariat des Nations Unies pour les réfugiés.

Fait une donation de un million de dollars aux réfugiés afghans.

2002   Tient le rôle de Lanie Kerrigan dans *Life or Something Like It (7 jours et une vie)*.

Annonce l'adoption de Maddox Chivan Jolie, le 18 septembre.

Entame des procédures pour divorcer de Thornton le 22 juillet.

Abandonne légalement le nom de Voight le 18 septembre.

Remporte le prix des Saturn Awards pour la meilleure actrice pour son rôle dans le film *Tomb Raider (Lara Croft : Tomb Raider)*.

2003   Est Lara Croft dans *The Cradle of Life (Lara Croft Tomb Raider, le berceau de la vie)*.

Son père engage une querelle publique avec elle au mois d'août.

La maison d'édition Pocket Books publie *Notes from My Travels*.

Est Sara Jordan dans *Beyond Borders (Sans frontière)*.

Reçoit le prix de Citoyenne du Monde de l'Association des correspondants des Nations Unies.

2004   Joue Illeana dans *Taking Lives (Destins volés)*.

Prête sa voix pour le rôle de Lola dans le film *Shark Tale (Gang de requins)*.

Apparaît dans le rôle de Frankie dans *Sky and The World of Tomorrow (Capitaine Sky et le monde de demain)*.

186

Joue Olympie dans *Alexander (Alexandre)*.

Photographiée en compagnie de Brad Pitt en Italie lors du tournage de *Mr. and Mrs. Smith*.

2005   Sortie *de Mr. and Mrs. Smith*.

Devient la troisième actrice à toucher un cachet de 20 millions de dollar pour son rôle dans *Mr. and Mrs. Smith*.

Remporte le prix Saturn pour la meilleure actrice dans un second rôle pour le film *Sky Captain and the World of Tomorrow (Capitaine Sky et le monde de demain)*.

Remporte le Prix du public en qualité de meilleure vedette féminine de films d'action.

Remporte le Prix du choix des adolescents, le Teen Choice Award, pour *Mr. and Mrs. Smith*.

Adopte un orphelin éthiopien, Zahara Marley Jolie, le 6 juillet.

Reçoit officiellement le titre de Cambodgienne honoraire du roi Norodom Sihamoni pour son œuvre humanitaire.

2006   Est nommée au premier rang parmi les 101 personnes ayant le corps le plus sexy par la E! Télévision en 2006.

Annonce officiellement qu'elle et Brad Pitt forment un couple le 11 janvier et annonce en même temps sa grossesse.

Remporte le prix MTV pour le meilleur combat dans *Mr. and Mrs. Smith*.

Naissance de Shiloh Nouvel Jolie le 27 mai.

Tient le rôle de Margaret « Clover » Russel dans le film *The Good Shepherd (Raisons d'État)*.

2007 Décès de sa mère, Marcheline Bertrand, à la suite d'un cancer le 27 janvier.

Adopte un orphelin vietnamien, Pax Thien.

Tient le rôle vedette de Marianne Pearl dans *A Mighty Heart (Un cœur invaincu)*.

Joue la mère de Grendel dans *Beowulf (La légende de Beowulf)*.

2008 Remporte le Golden Globe pour le film *A Mighty Heart (Un cœur invaincu)*.

Est la voix de Maître Tigresse dans *Kung Fu Panda*.

Est Fox dans *Wanted, Wanted (Choisis ton destin)*.

Naissance de jumeaux le 12 juillet à Nice, en France.

Notes

1. Eric Harrison, "The Many Faces of Voight..." *Los Angeles Times*, 22 janvier 1999, Calendar section, 2.

2. Prairie Miller, "Varsity Blues: Interview with Jon Voight", *Star Interviews*, 1ᵉʳ janvier 1998, http://www.highbeam.com/doc/1P1-20559900.html.

3. Dark Horizons, Paul Fisher, 14 janvier 2000, http://www.darkhorizons.com/interviews/angelina.php.

4. Deanna Kizis, "Truth and Consequences" Harper's Bazaar, novembre 1999.

5. Jeannie Williams, "Voight, a Dad Close to His Own 'Babies'" *USA Today*, 12 mars 1999, D1.

6. Larry Sutton, Ken Baker et Champ Clark, "Ark de Triumph: Jon Voight Sets Sail on T.V. as Noah", *People*, 3 mai 1999, http://members.tripod.com/Monkees23/jvoight/jvpeopl.html.

7. Mimi Udovitch, "The Devil in Miss Jolie", *Rolling Stone*, 19 août 1999, http://www.rollingstone.com/news/story/5939518/the_devil_in_miss_jolie.

8. Christine James, "Dancing' Queen Angelina Jolie Gets Constructive in *Dancing about Architecture*", *Boxoffice Magazine*, décembre 1998, p. 6.

9.   Mimi Udovitch, "The Devil in Miss Jolie."

10. Angelina Jolie, "Angelina Jolie", interview de Jon Voight,
     Interview, juin 1997,
     http://www.001pic.com/AngelinaJolie/interview.html.

11. Rich Cohen, "A Woman in Full", *Rolling Stone*, juillet 2008,
     http://www.001pic.com/AngelinaJolie/interview.html.

12. Dany Jucaud, "And the Devil Created Angelina Jolie", *Paris
     Match*, 17 février 2000,
     http://angelanna3.tripod.com/interviews2000/id11.html.

13. "On the Move: Name Dropper Not Billing Herself as a
     Voight", *People*, 8 juillet 1996, http://www.people.com/
     people/archive/article/0,,20141730,00.html.

14. Mimi Udovitch, "The Devil in Miss Jolie".

15. Angelina Jolie, interview de Conan O'Brien, *Late Night with
     Conan O'Brien*, NBC, 13 janvier 2000.

16. Angelina Jolie, interview de Jay Leno, *The Tonight Show with
     Jay Leno*, NBC, 29 janvier 1998.

17. BeatBoxBerry, "Angelina Jolie – Girl, Interrupted, 23 mai
     2000, http://www.beatboxbetty.com/celebetty/
     angelinajolie/angelinajolie/angelinajolie.htm.

18. Deanna Kizis, "Truth and Consequences".

19. Prairie Miller, "Varsity Blues".

20. Alison Boleyn, "Celebrity Profile: Angelina Jolie", *Marie
     Claire*, février 2000, .

21. Jack Garner, "Jolie's Performance in *Playing by Heart* is
     Drawing Attention", *Gannett News Service*, 21 janvier 1999.

22. "Dancing" Queen, novembre 1998,
     http://www.wutheringjolie.com/nuke/
     modules.php?name=Content&pa=showpage&pid=314.

23. Jack Garner, "Jolie's Performance".

24. Bert Osborne, "Interview with Angelina Jolie", *Jezebel,* février 2000, http://angelanna3.tripod.com/interviews2000/id7.html.

25. Jeff Strickler, "Actors Hope They Can Hack It: Cyber-Film Stars Faked Computer Skills", *Minneapolis Star Tribune,* 10 septembre 1995.

26. Andrei Harmsworth, "I Was Sexual at Nursery Age", 18 avril 2007, http://www.metro.co.uk/fame/article.html?in_article_id=45770&in_page_id=7.

27. Dossier de presse de *Hackers,* MGM-UA, septembre 1995.

28. Ibid.

29. Ibid.

30. "Jonny Lee Miller and Angelina Jolie: The Happy Couple", *Empire,* juin 1996, http://www.jonnyleemiller.co.uk/angelinajolie.html.

31. Communiqué de presse de la MGM pour la sortie du film *Hackers,* http://209.85.141.104/search?q=cache:UNyBCIUkShAJ:www.uncle.com/shake.html+We+don%E2%80%99t+approve+of+their+trashing+our+Web+site,+but+we+are+thoroughly+impressed+by+their+creativity+and+ingenuity&hl=en&ct=clnk&cd=2&gl=us.

32. Ryan Gilbey, "A Cat with Nine Former Lives", *Independent,* 2 mai 1996, http://www.highbeam.com/doc/1P2-4786214.html.

33. Harper Barnes, "Tripping on the Net: Sophomoric Is the Sum of It", *St. Louis Post-Dispatch,* 15 septembre 1995.

34. Kate Spicer, "Stand and Deliver, it's Jonny Lee Miller", *Minx,* avril 1998.

35. Ibid.

36. Dossier de presse de *Hackers*, MGM-UA, septembre 1995.

37. Jonny Lee Miller, interview dans *Just 17*,
    http://members.tripod.com/~Odessa-X/just17.html.

38. Ibid.

39. "Jonny Lee Miller and Angelina Jolie: The Happy Couple",
    Empire, juin 1996,
    http:///www.jonnyleemiller.co.uk/angelinajolie.html.

40. Cindy Pearlman, "Angelina Jolie far from Angelic", *Chicago
    Sun-Times*, 18 avril 1999,
    http://www.highbeam.com/doc/1P2-4489196.html.

41. Deanna Kizis, "Truth and Consequences", *Harper's Bazaar*,
    novembre 1999.

42. Christa D'Souza, "Do You Wanna Be in My Gang? Actor
    Jonny Lee Miller is Mr. Cool", *Daily Telegraph*, 17 mars 2000.

43. Christine James, "'Dancing' Queen Angelina Jolie Gets
    Constructive", dans *Dancing About Architecture*,
    http://www.boxoffice.com.

44. Communiqué de presse de la maison d'édition Penguin, 1994,
    http://www.robtee.com/books/Foxfire_Confessions-of-a-
    Girl-Gang.htm.

45. Diane Anderson, "Tis the Season to Be Jolie", *Girlfriends*,
    décembre 1997,
    http://members.fortunecity.com/foxdm/id88.htm.

46. "Jenny Shimizu: From Grease Monkey to Supermodel",
    Curve, septembre 1996.

47. Anderson, "Tis the Season to Be Jolie".

48. Ibid.

49. Drew Mackenzie et Ivor Davis, "I'm Both Sinister and Soft", *Woman's Day* (Australie), 17 avril 2000, www.reocities.com/lady_amabell/article6.html

50. Anderson, "Tis the Season to Be Jolie".

51. Martin Wong, Revue de *Foxfire, A. Magazine*, 30 septembre 1996.

52. Beth Pinkster, "*Foxfire* Extinguishes Oates's Novel's Spark", *The Dallas Morning News*, 2 août 1996.

53. Anthony Scaduto, "Flash! The Latest Entertainment News and More", *Newsday*, 4 septembre 1996.

54. Kevin Thomas, "Love Is All There Is: Tale of Young Love Takes Aim at an Older Audience", *Los Angeles Times*, 28 mars 1997, http://www.chicagotribune.com/topic/cl-movie970328-5,1,692960.story.

55. Gary Dretzka, "Angelina Jolie Warily Regards Rising Fame", *Chicago Tribune*, 4 septembre 1996, Tempo, 5.

56. Dretzka, "Angelina Jolie Regards Rising Fame".

57. *George Wallace*, notes de production. http://alt.tnt.tv/movies/tntoriginals/wallace/prod.credits.notes.html.

58. Ibid.

59. Ibid.

60. Bob Ivry, "A Man and His Times", *Record*, 24 août 1997.

61. *George Wallace*, notes de production.

62. Ibid.

63. Ibid.

64. Ibid.

65. "Angelina Jolie, Biography", *People.com*, http://www.people.com/people/angelina_jolie/biography.

66. Army Arched, "*Wallace*, Exiled from Alabama", *Variety*, 17 janvier 1997, http://www.variety.com/article/ VR1117863009.html?categoryid=2&cs=1.

67. Ibid.

68. Terry Kelleher, "Picks and Pans: Tube", *People*, 25 août 1997.

69. Liz Smith, "The New Courtney", *Newsday*, 24 août 1997.

70. Angelina Jolie, *Golden Globe Awards*, NBC, 18 janvier 1998.

71. Elizabeth Snead, "Gia Taps Angelina Jolie's Wild Side", *USA Today*, 29 janvier 1998, http://members.tripod.com/~Gialegs/interviews.html.

72. As heard by Kathleen Tracy, *Golden Globe Awards*, 1998.

73. Angelina Jolie, interview de Conan O'Brien, *Late Night with Conan O'Brien*, NBC, 29 janvier 1998.

74. Rebecca Asher-Walsh, et al. "Fall Movie Preview: October", *Entertainment Weekly*, 22 août 1997.

75. Ibid.

76. David Duchovny, *Today*, NBC, 23 octobre 1997.

77. Angelina Jolie, "Angelina Jolie", interview de Jon Voight, *Interview*, juin 1997, http://www.highbeam.com/doc/1G1-19661469.html.

78. Gary Dretzka, "Angelina Jolie Warily Regards Rising Fame", *Chicago Tribune*, 4 septembre 1996, Tempo, 5. 79. Ibid.

80. Ibid.

81. Diane Anderson, "Tis the Season to Be Jolie", *Girlfriends*, décembre 1997, http://members.fortunecity.com/foxdm/id88.htm.

82. Michael Angeli, "Tres Jolie", *Movieline*, février 1999, http://members.fortunecity.com/jamralla/angel/ MovielineFeb99.htm.

83. Jack Mathews, "Don't Quit Your Job, David", *Newsday*, 17 octobre 1997.

84. Philip Wuntch, "PLAYING GOD: Director's Omnipotence Smothers the Thriller", *The Dallas Morning News*, 17 octobre 1997, IC.

85. Michael Medved, "Playing God", *New York Post*,

86. "Jonny Lee Miller and Angelina Jolie: The Happy Couple", *Empire*, juin 1996, http://www.jonnyleemiller.co.uk/angelinajolie.html.

87. Ibid.

88. Ernest Hardy, "*Hell's Kitchen*: No Escape from the Past, Especially a Criminal One". *New York Times*, 3 décembre 1999.

89. "50 Most Beautiful People", *People*, 1998.

90. Michael Kilian, "HBO Presents Wild, Sad Story Of Supermodel Gia Carangi", *Chicago Tribune*, 26 janvier 1998.

91. Mimi Avins, "A Sleeping Beauty: Gia Carangi Had it All, Or So It Seemed in the *Cosmo* Cover Photos of Her", *Los Angeles Times*, 29 janvier 1998.

92. Francesco Scavullo, *Scavullo Women* (New York Harper and Row, 1982), http://gia-carangi.home.comcast.net/ ~gia-carangi/art5.html.

93. Ibid.

94. Mimi Avins, "A Sleeping Beauty".

95. Alanna Nash, "The Model Who Invented Heroine Chic". *New York Times*, 7 septembre 1997. heroin-chic.html?scp=1&sq=alanna+nash&st=nyt

96. Nash, "The Model Who Invented Heroine Chic".

97. Army Archerd, "Just for Variety", *Variety*, 25 février, 1997.

98. Michael Kilian, "HBO Presents Wild, Sad Story of Supermodel Gia Carangi", *Chicago Tribune*, 26 janvier 1998.

99. Alanna Nash, "Gia: Fashion Victim", *Entertainment Weekly*, 16 janvier 1998, http://www.ew.com/ew/article/0,,281498,00.html.

100. Diane Anderson, "Tis the Season to Be Jolie", *Girlfriends*, décembre 1997. .

101. Ibid.

102. Nash, "Gia: Fashion Victim".

103. Ibid.

104. Natasha Stoynoff, "She's Having a Jolie Time Kissing", *Toronto Sun*, 18 juin 2000.

105. Elizabeth Snead, "*Gia* Taps Angelina Jolie's Wild Side", *USA Today*, 29 janvier 1998. http://members.tripod.com/~GiaLegs/interviews.html.

106. Amy Longsdorf, "Angelina Jolie as the Ill-Fated Supermodel in the Biopic *Gia*", *Playboy*, mai 2000.

107. Snead, "*Gia* Taps Angelina Jolie's Wild Side".

108. Laurie Sandell, "Reckless Angel", *Biography*, octobre 1999.

109. Mimi Avins, "A Sleeping Beauty: Gia Carangi Had It All, Or So It Seemed in the *Cosmo* Cover Photos of Her", *Los Angeles Times*, 29 janvier 1998.

110. Ed Martin, "Gutsy *Gia* Goes beyond Skin Deep", *USA Today*, 30 janvier 1998.

111. Don Heckman, "Jolie Breathes Life into Gia's Tragic Tale", *Los Angeles Times*, 31 janvier 1998.

112. Michele Greppi, "Gia: Supermodel in the Raw", *New York Post*, 31 janvier 1998.

113. Nash, "Gia: Fashion Victim".

114. Longsdorf, "Angelina Jolie as the Ill-Fated Supermodel in the Biopic *Gia*".

115. Bob Heisler, "Talk It Up", *Newsday*, 31 janvier 1999.

116. "Is Angelina Jolie the 'It' Girl for the 21st Century?" *Jezebel*, février 2000, http://angelanna3.tripod.com/interviews2000/id9.html.

117. Mimi Udovitch, "The Devil in Miss Jolie", *Rolling Stone*, 19 août 1999.

118. Trish Deitch Rorer, "Dangerous Beauties: Winona Ryder and Angelina Jolie Walk on the Wild Side", *Premiere*, octobre 1999.

119. Andrew Essex. "Girl Uncorrupted: Razor-Sharp Turns in *Gia* and *Wallace* Got Her Noticed", *Entertainment Weekly*, 5 novembre 1999.

120. Longsdorf, "Angelina Jolie as the Ill-Fated Supermodel in the Biopic *Gia*".

121. Michael Angeli, "Tres Jolie", *Movieline*, février 1999, http://members.fortunecity.com/jamralla/angel/MovielineFeb99.htm.

122. John H. Richarson, "Angelina Jolie and the Torture of Fame", *Esquire*, février 2000.

123. James Kaplan, "Holy Moly. It's Angelina Jolie", *Allure*, mars 1999.

124. Richardson, "Angelina Jolie and the Torture of Fame".

125. Kaplan, "Holy Moly".

126. Angeli, "Tres Jolie".

127. Angelina Jolie, interview de Conan O'Brien, *Late Night with Conan O'Brien*, NBC, 13 janvier 2000. http://www.geocities.com/angelina_jolie-fan_page/ talkshow980129.htm.

128. Jack Garner, "Jolie's Performance in *Playing by Heart* Is Drawing Attention", *Gannett News Service*, 21 janvier 1999.

129. Ibid.

130. Longsdorf, "Angelina Jolie as the Ill-Fated Supermodel in the Biopic *Gia*".

131. Deanna Kizis, "What the Hell Is Wrong with Angelina Jolie?", *Jane*, février 2000.

132. Bob Ivry, "A Man and His Times", *Record*, 24 août 1997.

133. Bob Thompson, "Johnny Be Good, Actor, Writer and Producer Cusack Is Still Learning", *Edmonton Sun*, 20 avril 1999.

134. *Pushing Tin*, notes de production, Fox, avril 1999, http://www.cinemareview.com/production.asp?prodid=556.

135. Ibid.

136. Ibid.

137. Ibid.

138. Alison Boleyn, "Celebrity Profile: Angelina Jolie", *Marie-Claire*, février 2000,
http://angelanna3.tripod.com/interviews2000/id7.html.

139. James Kaplan, "Holy Moly. It's Angelina Jolie", *Allure*, mars 1999, http://www.wutheringjolie.com/nuke/
modules.php?name=Content&pa=showpages&pid=360.

140. Cate Blanchett, "Pushing Tin", *Evening Standard*, 26 octobre 1999, http://www.geocities.com/hollywood/Land/9730/
tinarticle1.html. (ne s'ouvre pas)

141. Prairie Miller, "*A Simple Plan*: Interview with Billy Bob Thornton", *Star Interviews*, 1er janvier 1998.

142. Raymond A Edel, "People", *Record*, 15 avril 1999.

143. Louis B. Hobson, "Pushing Her Luck: Angelina Jolie's Full-Tilt Existence", *Calgary Sun*, 18 avril 1999,
http://jam.canoe.ca/Movies/Artists/J/Jolie_Angelina/
1999/04/18/759417.html.

144. Owen Gleiberman, "Pushing Tin", *Entertainment Weekly*, 23 avril 1999, http://ew.com/ew/article/0,,64000,00.html.

145. Chuck Arnold, "Chatter" *People*, 3 mai 1999,
http://www.people.com/people/archive/article/
0,,2012810 0,00.html.

146. Francine Parnes, "The Sweet Face of the Future", *Daily Telegraph*, 26 mai 1999.

147. Louis B. Hobson, "Jolie Intense to the Bone"», *Calgary Sun*, 31 octobre 1999.

148. Louis B. Hobson, "Angelina is no Angel", *Ottawa Sun*, 30 août 1999, http://jam.canoe.ca/Movies/Artists/J/
Jolie_Angelina/1999/08/30/759416.html.

149. Jeffrey Ressner, "Rebel Without a Pause", *Time*, 24 janvier 2000, http://www.time.com/time/magazine/article/ 0,9171,37644,00.html.

150. Hobson, "Angelina Jolie is no Angel" .

151. William F. Nicholson, "Terrible Lawyer' Keeps Wheels of Justice Turning". *USA Today*, 13 août 1998, 4D.

152. *The Bone Collector*, notes de production, Universal Studios, novembre 1999, http://www.thebonecollector.com/crimelab.html.

153. Mimi Udovitch, "The Devil in Miss Jolie", *Rolling Stone*, 19 août 1999, http://www.rollingstone.com/news/story/ 5939518/the_devil_in_miss_jolie

154. Sherry Weiner, "Interview with Angelina Jolie", 1999, Univercity.com, http://members.fortunecity.com/ajonline/ information/articles/012.htm.

155. Louis B. Hobson, "Dark Angel: Angelina Jolie Has a Decidedly Sinister Side", *Calgary Sun*, 4 novembre 1999, http://members.fortunecity.com/ajonline/information/ articles/022.htm.

156. Weiner, "Interview with Angelina Jolie".

157. *The Bone Collector*, notes de production.

158. Weiner, "Interview with Angelina Jolie".

159. *The Bone Collector*, notes de production.

160. Ibid.

161. Weiner, "Interview with Angelina Jolie".

162. Hobson, "Dark Angel".

163. Weiner, "Interview with Angelina Jolie".

164. Bob Thompson, "The Many Faces of Angelina", *Toronto Sun*, 11 avril 1999.

165. Andrew Essex. "Girl Uncorrupted: Razor Sharp Turns in *Gia* and *Wallace* Got Her Noticed", *Entertainment Weekly*, 5 novembre 1999.

166. Ibid.

167. Weiner, "Interview with Angelina Jolie".

168. Anne Bergman, "A Proverbial Adventurer", *Los Angeles Times*, 17 novembre 1999.

169. *People Weekly* 52, n° 19 (15 novembre 1999): 35.

170. Phillip Wuntch "*The Bone Collector*: Villain Doesn't Have a Spine", *Dallas Morning News*, 11 mai 1999, 1C.

171. Tricia Lanie, "Girl talk: Hollywood's Actresses Are Abuzz about the Film Version of *Girl, Interrupted*", *Entertainment Weekly*, 23 octobre 1998.

172. Bob Ivry, "Relatively Secret", *Record*, 25 avril 1999, http://www.highbeam.com/doc/1P1-24208016.html.

173. Bruce Kirkland, "Winona Ryder's Talking Crazy". http://jam.canoe.ca/Movies/Artists/R/Ryder_Winona/1999/12/20/761356.html.

174. *Girl, Interrupted*, réception de presse, décembre 1999, Los Angeles. L'auteur était présent.

175. Ibid.

176. Ibid.

177. Jessica Holt, "Girl' Offers Comfort for Misunderstood", *Daily Bruin*, 10 janvier 2000, http://ryder.fansites.org/2000january10_dailybruinonline.html.

178. Chris Norris, "Say Goodbye to the Brooding Gen-Xer: Winona Ryder Has Grown into a Woman of Impeccable Taste", *In Style*, 2 janvier 2000.

179. Amy Longsdorf, "Woman on the Verge", *Playboy*, http://www.playboy.co.uk/page/WomenOnTheVerge/ 0,,11569~766428,00.html. http://www.playboy.com/ arts-entertainment/wov/jolie/

180. Holt, "Girl' Offers Comfort".

181. Ibid.

182. "Girl Uncorrupted", Entertainment Weekly.com, http://members.fortunecity.com/foxdm/id68.htm.

183. Anne Bergman, "A Proverbial Adventurer", *Los Angeles Times*, 17 novembre 1999.

184. Steve Goldman, "Angelina Jolie", *Total Film*, mars 2000.

185. Holt, "Girl 'Offers Comfort."

186. Jeffrey Ressner, «Rebel without a Pause», *Time*, 24 janvier 2000, http://www.time.com/time/magazine/article/ 0,9171,37644,00.html.

187. Ibid.

188. Longsdorf, "Woman on the Verge".

189. Deanna Kizis, "Truth and Consequences", *Harper's Bazaar*, novembre 1999, http://fansites.hollywood.com/~ajolie/int15.html.

190. Ibid.

191. Trisch Deitch Rohrer, "Dangerous Beauties: Winona Ryder and Angelina Jolie Walk on the Wild Side", *Premiere*, octobre 1999, http://www.hollywood.com/news/ Winona_Interrupted/311849.

192. Louis B. Hobson, «Going by Murphy's Law,» Jam.com, http://jam.canoe.ca/Movies/Artists/M/Murphy_Brittany/ 2000/01/09/760428.html.

193. *Girl, Interrupted*, dossier de presse, Columbia Pictures, décembre 1999.

194. Ibid.

195. Ibid.

196. Owen Gleiberman, "Review of *Girl, Interrupted*", *Entertainments Weekly*, 7 janvier 2000.

197. Geoff Peveref, "*Girl* an Unsatisfying Minor Interruption", *Toronto Star*, 21 décembre 1999.

198. Gene Seymour, "Disorder in the Ward: A Memoir of a Teen Mental Institution", *Newsday*, 21 décembre 1999.

199. Chris Vognar, "On the Edge: Story of a Young Woman's Breakdown Is Both Dark and Illuminating", *Dallas Morning News*, 14 janvier 2000.

200. Arlene Vigoa, "And the First Time Nominees Are...", *USA Today*, 20 mars 2000, http://www.usatoday.com/life/special/oscar2000/osc05.htm.

201. L'auteur était présent. Shrine Auditorium, Los Angeles, 26 mars 2000.

202. Angelina Jolie, conférence de presse informelle, The Shrine Auditorium, Los Angeles, Californie, 26 mars 2000.

203. Ibid.

204. Ibid.

205. Ibid.

206. Ibid.

204

207. Ibid.

208. "Angelina in Love", *Talk*, juin-juillet 2000,
     http://fansites.hollywood.com/~ajolie/int6.html.

209. Angelina Jolie, conférence de presse informelle.

210. "Angelina in Love".

211. Angelina Jolie, conférence de presse informelle.

212. Sharon Feinstein, "My Sister Angelina's Secret Sadness",
     Mail on Sunday, 25 mars 2007,
     http://www.highbeam.com/doc/1G1-161453527.html

213. Oliver O'Neil, "The Wild and Wacky World of Angelina Jolie,
     Tomb Raider", *Planet Syndication*,
     http://www.unreel.co.uk/features/featureangelinajoliepage1.cfm.

214. Ray Pride, "That Girl: An Interview with Actress Angelina
     Jolie", DrDrew.com, 2000.

215. Beatboxbetty, "Angelina Jolie–Gone in 60 Seconds",
     Beatboxbetty.com,
     http://www.beatboxbetty.com/celebetty/angelinajolie/
     angelinajolie2/angelinajolie2.htm.

216. Pride, "That Girl".

217. Cindy Pearlman, "A Jolie Good Time", *Daily Telegraph*,
     10 juin 2000.

218. David Thompson, "Drive Us Wild Angelina", *Salon*,
     14 juin 2000.

219. Drew Mackenzie and Ivor Davis, "I'm Both Sinister and Soft",
     Woman's Day (Australie), 17 avril 2000,
     http://www.reocities.com/lady_amabell/article6.html.

220. Louis B. Hobson, "Jolie's Rocky Relationships", *Calgary Sun*,
     9 janvier 2000,
     http://www.jonnyleemiller.co.uk/angelinajolie.html.

221. Louis B. Hobson, "Angie Committed", *Edmonton Sun*, 9 janvier 2000.

222. Hobson, "Jolie's Rocky Relationships".

223. Andrei Harmsworth, "I Was Sexual at Nursery Age", 18 avril 2007, http://www.metro.co.uk/showbiz/45770-jolie-i-was-sexual-at-nursery-age

224. Karen S. Schneider, "Girl, Undaunted" *People*, 25 juin 2001, http://www.people.com/people/archive/article/0,,20134761,00.html.

225. Stephen M. Silverman, "Angelina Jolie Airs Colourful Past on TV", *People*, 9 juillet 2000, http://www.people.com/people/article/0,,626414,00.html.

226. Schneider, "Girl, Undaunted".

227. Deanna Kizis, "What the Hell Is Wrong with Angelina Jolie?", *Jane*, février 2000, http://angelanna3.tripod.com/interviews2000/id3.html.

228. Louis B. Hobson, "Pushing Her Luck", *Calgary Sun*, 18 avril 1999, http://jam.canoe.ca/Movies/Artists/J/Jolie_Angelina/1999/04/18/759417.html.

229. Kizis, "What the Hell Is Wrong with Angelina Jolie?"

230. "Angelina in Love", *Talk*, juin/juillet 2000, http://fansites.hollywood.com/~ajolie/int6.html.

231. Ibid.

232. Beatboxbetty, "Angelina Jolie—Gone in 60 Seconds", Beatboxbetty.com, http://www.beatboxbetty.com/celebetty/angelinajolie/angelinajolie2/angelinajolie2.htm

233. "The Crazy World of Billy Bob", *Daily Telegraph*, 25 août 2001, http://www.telegraph.co.uk/arts/main.jhtml?xml=/arts/2001/08/25/babob25.xml&page=2.

206

234. "Angelina Jolie Love Story", *US Weekly*, http://www.angelfire.com/dc/lia/ajus.html.

235. Stephanie Mansfield, "Oscar-Winning Actress Angelina Jolie Says She's Putting Her Wild Past Behind Her", *USA Weekend*, 11 juin 2000, http://www.usaweekend.com/00_issues/000611/000611jolie.html.

236. Beatboxbetty, "Angelina Jolie—Gone in 60 Seconds".

237. David Germain, "Angelina Jolie Brushes Off Bad Press", *Dallas Morning News*, 11 juin 2000.

238. Cahier de presse.

239. Jack Stenze, "Ger Reel: Can Angelina Jolie Make Lara Croft Soar on screen?" *Entertainment Weekly*, 14 avril 2000.

240. Cahier de presse.

241. Ibid.

242. Beatboxbetty, "Angelina Jolie—Gone in 60 Seconds".

243. Alison Boleyn, "Celebrity Profile: Angelina Jolie", *Marie Claire*, février 2000.

244. Beatboxbetty. "Angelina Jolie—Gone in 60 Seconds".

245. Bruce Kirkland, "She's Got Game", http://jam.canoe.ca/Movies/Artists/J/Jolie_Angelina/2001/06/10/759412.html.

246. Bruce Kirkland, "In Praise of Angelina Jolie", http://jam.canoe.ca/Movies/Artists/J/Jolie_Angelina/2001/06/15/759410.html.

247. Ibid.

248. Bruce Kirkland, "In Praise of Angelina Jolie", .

249. Ibid.

250. Ibid.

251. Stephen M. Silverman, "U.N. Honoring Goodwill Angelina Jolie", *People*, 22 août 2001.

252. Stephen M. Silverman, "Jolie Accepts U.N. Ambassador Post", *People*. 28 août 2001, http://www.people.com/people/article/0,,622486,00.html.

253. Stephen M. Silverman, "Angelina Jolie: $1 Mil to Refugees", *People*, 28 septembre 2001.

254. Louis B. Hobson, "The Jolly Life of Angelina", http://jam.canoe.ca/Movies/Artists/J/Jolie_Angelina/ 2003/07/20/759421.html.

255. Ibid.

256. Ibid.

257. Ibid.

258. Jon Voight, *Access Hollywood*, 1er août 2002.

259. Mark Reynolds "Angelina's Troubles Are All My Fault Sobs Voight", *Daily Mail*, 3 août 2002, http://www.highbeam.com/doc/1P2~2247922.html.

261. Michelle Lopez, "I Just Naturally Don't Rely on Men", *Mail on Sunday*, 2 janvier 2005, http://www.highbeam.com/doc/1P2~2497274.html.

262. Ibid.

263. Ibid.

264. BBCNews.com, "Pitt and Aniston Announce Split", 8 janvier 2005, http://news.bbc.co.uk/2/low/entertainment/ 4156907.stm.

265. Jonathan Van Meter, "The Bold and the Beautiful", *Vogue*, janvier 2007, http://www.style.com/vogue/feature/121206/page2.html.

266. Ibid.

267. Ibid.

268. Ibid.

269. Stephen M. Silvermann, "Angelina Jolie: How Brad Pitt & I fell in Love", 12 décembre 2006, http://people.com/people/article/0,,20004139,00.html.

270. Nicole Lampert, "End of a Fairy Tale", *Daily Mail*, 10 janvier 2005, http://www.highbeam.com/doc/1P2-2497701.html.

271. "Good Golly, Ms. Jolie", *The Birmingham Post*, 8 juin2005, http://www.highbeam.com/doc/1G1-133070926.html.

272. Constance Gorfinkle, "*Mr. and Mrs. Smith* Movie Review", *The Patriot Ledger*, 10 juin 2005, http://www.highbeam.com/doc/1P2-9431408.html.

273. Nicole Lampert, "Angelina Jolie Adopts an AIDS Orphan Girl from Ethiopia", *Daily Mail*, 7 juillet 2005, http://www.highbeam.com/doc/1P2-2564869.html.

274. Reader's Digest, http://laineygossip.com/Angelina_Jolie_Brad_Pitt_I_Buy_W hat_She_Sells.aspx. See also Sara Davidson, "Mama", *Reader's Digest*, juillet 2007,

275. Liz Braun, "The Incandescent Miss Jolie", *Toronto Sun*, 17 décembre 2006, http://jam.canoe.ca/Movies/Artists/ J/Jolie_Angelina/2006/12/17/2841436.html.

276. Ibid.

277. Ibid.

278. Robin Stummer, "To Brad and Angelina: A C-section", *The Independent on Sunday*, 28 mai 2006, http://www.highbeam.com/doc/1P2-2017363.html.

279. Ibid.

280. Ibid.

281. Rich Cohen, "A Woman in Full", *Vanity Fair*, juillet 2008, http://www.vanityfair.com/culture/features/2008/07jolie200807.

282. Angelina Jolie, interviewed by Anderson Cooper, *Anderson Cooper's 360*, CNN, 16 juin 2006.

283. Angelina Jolie, *Today*, NBC, 27 avril 2006.

284. Ibid.

285. Emily Fromm, "Angelina Jolie: I Was Nervous' About Playing Mariane Pearl", *People*, 30 avril 2007, http://www.people.com/people/article/0,,20037287,00.html.

286. "Mother Angelina", *Evening Standard*, 14 juin 2007, http://www.highbeam.com/doc/1P2~7469981.html.

287. "Angelina Jolie", *Marie Claire*, juillet 2007, http://justjared.buzznet.com/2007/06/05/angelina-jolie-marie-claire-july-2007.

288. Ibid.

289. Ibid.

290. Reader's Digest Pitt_I_Buy_What_She_Sells.aspx.

291. Cohen, "A Woman in Full".

292. "Mother Angelina", *Evening Standard*.

293. Ibid.

294. Van Meter, "The Bold and the Beautiful".

SOMMAIRE

212

À PROPOS DE L'AUTEUR

KATHLEEN TRACY est une journaliste artistique spécialisée en cinéma. Elle est l'auteure d'une vingtaine de livres, dont une biographie d'Elvis Presley et une autre de Jennifer Lopez. Elle réside à Los Angeles.

L'utilisation de 3 300 lb de Rolland Enviro100 Édition plutôt
que du papier vierge réduit votre empreinte écologique de:

Arbres: 28
Déchets solides: 809 kg
Eau: 76 481 L
Émissions atmosphériques: 1 775 kg

Imprimé sur Rolland Enviro100, contenant
100% de fibres recyclées postconsommation,
certifié Éco-Logo, Procédé sans chlore, FSC
Recyclé et fabriqué à partir d'énergie biogaz.